이 책을
제임스 랜디,
리처드 파인먼,
메릴린 보스 사반트,
마틴 가드너,
칼 세이건에게 바칩니다.

미래의 과학자와 수학자가 알아야 할 10가지 · 2

### 지은이 에드워드 자카로 Edward Zaccaro

1974년에 오벌린 대학을 졸업한 뒤부터 여러 형태의 교육에 전념해 왔습니다. 다양한 능력을 가진 여러 연령대의 아이들을 가르치고 있는 그는 지난 10년 동안 초등학생과 중학생 수학 영재들의 능력을 개발하는 일에 주력해 왔습니다. 자신이 가르치는 영재들을 위한 효과적인 교수법과 교재가 없다는 사실을 깨달은 에드워드 자카로는 자신이 직접 아이들에게 꼭 맞는 교수법을 개발했고 그 결과를 책들 속에 담았습니다. 아이오와 주 노던 대학교에서 석사 학위를 받은 그는 영재 교육에 관한 여러 학회에 참석하여 강연을 펼치고 있습니다. 현재 그는 더뷰크 외곽에서 아내와 세 아이와 함께 살고 있습니다.

저서로는 『교양 있는 우리 아이를 위한 사고력 놀이 수학 1, 2』, 『Becoming a Problem Solving Genius』, 『Real World Algebra』, 『Challenge Math for the Elementary and Middle School Student』가 있습니다.

### 그린이 잭 버그 Jack Berg

잭 버그는 일리노이 주 갈레나에 살고 있으며 독학으로 그림과 음악을 공부했습니다. 애니메이션 작가로 일을 시작한 잭은 큰 회사의 예술 감독직을 역임했습니다. 현재 잭은 하트랜드 아트 스튜디오와 하트랜드 레코딩 스튜디오를 운영하고 있습니다.

### 옮긴이 김소정

책을 무척 좋아하는 번역가로 자연과학과 역사책 번역을 하면서 생을 마감했으면 하는 야무진 바람이 있습니다. 『수학자도 사람이다 1, 2』, 『교양 있는 우리 아이를 위한 사고력 놀이 수학 1, 2』, 『전략의 귀재들, 곤충』 외 40여 권을 번역했으며 『갈리아 전쟁기』를 라틴 어로 읽고 싶다는 꿈을 꾸고 있습니다.

---

**미래의 과학자와 수학자가 알아야 할 10가지 • 2**

**지은이** 에드워드 자카로 | **그린이** 잭 버그 | **옮긴이** 김소정 | **처음 찍은날** 2010년 7월 23일 | **처음 펴낸날** 2010년 7월 28일 | **펴낸곳** 이론과실천 | **펴낸이** 김인미 | **등록** 제10-1291호 | **주소** (121-829) 서울시 마포구 상수동 323-2 2층 | **전화** 02 714-9800 | **팩시밀리** 02 702-6655

The Ten Things All Future Mathematicians and Scientists Must Know
by Edward Zaccaro
Copyright ⓒ 2003 Hickory Grove Press
All rights reserved

Korean Translation Copyright ⓒ 2010 Little E-shil Publishing Co.
Korean edition is published by arrangement with Hickory Grove Press
through Corea Literary Agency, Seoul

이 책의 한국어 판 저작권은 Corea 에이전시를 통한 Hickory Grove Press와의 독점계약으로 도서출판 이론과 실천에 있습니다. 신저작권법에 의해 한국 내에서 보호를 받는 저작물이므로 무단 전재와 복제를 금합니다.

*값 9,800원
*잘못된 책은 바꾸어 드립니다.

ISBN 978-89-313-8153-5 63410
ISBN 978-89-313-8151-1 63410(세트)

학교에서 가르쳐 주지 않는

# 미래의 과학자와 수학자가 알아야 할

2

에드워드 자카로 지음 | 잭 버그 그림 |
김소정 옮김

# 10가지

과학과 수학은 진실을 말해 줍니다 + 마음도 바보가 될 수 있습니다 + 가장 단순하고 평범한 게 정답일 때가 많습니다 + 실수와 실패는 인생의 일부이며 배움의 한 과정입니다 + 늘 열린 마음을 유지해야 합니다 + 건전한 비판 정신을 갖는 것이 중요합니다 + 통계에 속지 맙시다! + 원인과 상관관계의 차이를 알고 있어야 합니다 + 윤리적인 판단을 해야 합니다 + 편견은 어디에나 있습니다

## 차례 | 2권

머리말 8

### 6장

### 건전한 비판 정신을 갖는 것이 중요합니다 10

심령 수술 14 | 발명 회사 16 | 획기적인 의사소통 방법 19 | 백신 반대 운동 23 | 간단한 거짓말 탐지기 검사(응용 운동 생리학) 27

### 7장

### 통계에 속지 맙시다! 35

화살 둘레에 과녁판 그리기 39 | 바보가 된 의사들 44 | 경찰 청장 이야기 47 | 믿을 수 없는 자동차 광고 54

### 8장

### 원인과 상관관계의 차이를 알고 있어야 합니다 63

벤덱틴 악몽 66 | 교사-학부모 회의 72 | 버뮤다 삼각 지대 75 | 음악과 학업 성취도 78 | 원인과 상관관계를 바꾸려 한 담배 회사들 81

### 9장

## 윤리적인 판단을 해야 합니다 **91**

연료 탱크 폭발 사건 **94** | 탈리도마이드와 유산율 **97** | 비윤리적인 말더듬증 실험 **100** | 회사를 구한 올바른 결정 **103** | 거의 뒤집어져 엎어질 뻔한 건물 **106** | 라듐 여인들 **110**

### 10장

## 편견은 어디에나 있습니다 **121**

필요 없는 무릎 수술도 있지 않을까? **124** | 틀린 예측을 불러온 편견에 가득 찬 표본 **127** | 편견을 제거한 발견 **130**

**정답과 풀이 141**

## 차례 | 1권

머리말 8

### 1장
### 과학과 수학은 진실을 말해 줍니다 10

챌린저호 참사 13 | 공정한 재판을 가능하게 하는 수학 18 | 통계를 이용해 콜레라의 확산을 막은 스노우 박사 22 | 알리야의 비극적인 죽음 25 | 수학이 밝혀낸 우주의 진실 28

### 2장
### 마음도 바보가 될 수 있습니다 (직관의 허점) 39

캔자스시티 하얏트 호텔 붕괴 42 | 게임 쇼에서의 곤란한 상황 46 | 평균 속도의 허점 49 | 밧줄에 매달린 우주 비행사의 비극 53

### 3장
### 가장 단순하고 평범한 게 정답일 때가 많습니다 (오컴의 면도날) 62

영리한 한스 이야기 65 | 상온 핵융합 반응 69 | 원인 소동 72 | 미스터리 서클 77

## 4장

### 실수와 실패는 인생의 일부이며 배움의 한 과정입니다 88

실수를 처리하는 자연의 방식 89 | 화성 기후 궤도 탐사선을 곤경에 빠뜨린 조그만 실수 92 | 사람들이 몰린 다리 94 | 무시무시한 비극이 될 뻔한 아폴로 13호 우주선 97 | 실패와 좌절을 경험해 봐야 하는 이유 104 | 스리마일 섬 사고 106 | 허블 망원경 112

## 5장

### 늘 열린 마음을 유지해야 합니다 137

척수성 소아마비를 고친 엘리자베스 케니 수녀 140 | 젬멜바이스 박사와 산욕열 145 | 골드버거 박사와 펠라그라 병 148 | 궤양에 관한 놀라운 발견 153

**정답과 풀이 163**

# 머리말

유명한 재앙 중에는 과학자와 수학자가 밀접하게 관련된 경우가 많습니다. 챌린저호 폭발, 화성 탐사 실패, 캔자스시티 하얏트 리젠시 호텔의 무대 붕괴 등은 모두 생각을 잘못한 결과입니다. 이 책은 미래의 과학자들과 수학자들이 그런 재앙을 막기 위해 꼭 알아야 할 10가지 내용을 담고 있습니다. 과학과 수학 교육은 사실과 계산 방법을 다루는 경우가 많기 때문에 어린 학생들이 이 10가지 중요한 개념을 배울 기회는 거의 없다고 볼 수 있습니다. 지금부터 이야기할 10가지 개념과 이야기들은 과학과 수학이 우리가 살고 있는 세상과 어떤 관계를 맺고 있는지를 분명하게 보여 줄 것입니다.

### 1. 과학과 수학은 진실을 말해 줍니다.

과학과 수학은 여러분이 들은 내용이 마음에 들지 않는다고 논쟁을 벌일 수 있는 중재자나 심판이 필요하지 않습니다. 과학과 수학이 아름다운 이유는 주어진 상황을 객관적으로 볼 수 있게 해 주기 때문입니다. 따라서 과학과 수학이 말하는 내용을 무시한다면 위험해질 수도 있습니다.

### 2. 마음도 바보가 될 수 있습니다(직관의 허점).

문제를 푸는 해결 방법 중에는 직관에 어긋나는 것이 많이 있습니다. 사람의 뇌는 너무나도 쉽게 틀린 답이나 풀잇법을 옳다고 믿는 어리석음에 빠지기도 합니다.

### 3. 가장 단순하고 평범한 게 정답일 때가 많습니다(오컴의 면도날).

이상하거나 희한한 사건이 일어난 원인을 찾아야 할 때, 가장 단순하고 평범한 설명이 정답일 때가 많습니다.

### 4. 실수와 실패는 인생의 일부이며 배움의 한 과정입니다.

학생들은 경험이 풍부하지 않기 때문에 실수를 하고 어려운 도전에 임해야 한다는 사실에 두려움을 느끼기도 합니다. 그런 학생들은 도전과 좌절은 배움의 일부이며 인생의 일부라는 사실을 깨달아야 합니다.

### 5. 늘 열린 마음을 유지해야 합니다.

지난 500년 동안 발표된 위대한 사상과 발견 중에는 처음에는 사람들의 비웃음을 사고 공격을 당한 것이 아주 많습니다. 열린 마음을 갖지 못했기 때문에 의학의 발전이 더디게 진행된 예는 얼마든지 있습니다.

### 6. 건전한 비판 정신을 갖는 것이 중요합니다.

건전한 비판 정신을 갖는 것이 중요합니다. 아무런 생각도 하지 않고 무조건 받아들일 정도로 열린 마음을 가질 필요는 없습니다.

### 7. 통계에 속지 맙시다!

통계를 공부하는 건 지루하고 따분한 일이라고 생각하는 경우가 많습니다. 하지만 그것은 틀린 생각입니다. 지금까지 통계를 이용해 수백만 명이 넘는 사람들의 목숨을 구했습니다. 또한 통계를 이용해 사실을 조작하고 속이고 완벽한 거짓말을 할 수도 있기 때문에 어린 학생들은 통계를 정확하게 분석하는 방법을 반드시 배워야 합니다.

### 8. 원인과 상관관계의 차이를 알고 있어야 합니다.

원인과 상관관계의 차이를 모르면 의학과 교육을 포함한 일상생활을 해 나가는 데 필요한 많은 영역에서 어떤 것이 거짓이고 어떤 것이 참인지를 구별할 수 없습니다.

### 9. 윤리적인 판단을 해야 합니다.

어떤 직업에 종사하건 사람은 누구나 어떤 선택을 할 때 도덕심과 도덕심을 유지하는 능력이 영향을 미치게 되는 순간을 경험하게 됩니다.

### 10. 편견은 어디에나 있습니다.

한쪽으로 마음이 쏠리는 편견은 거의 모든 곳에 있습니다. 편견은 조사 결과와 과학 실험, 우리들이 간직하고 있는 믿음, 그리고 우리가 내려야 하는 많은 결정에 영향을 미칩니다.

# 건전한 비판 정신을 갖는 것이 중요합니다

건전한 비판 정신을 갖는 것이 중요합니다. 아무런 생각도 하지 않고 무조건 받아들일 정도로 열린 마음을 가질 필요는 없습니다.

심령술에 전화 주셔서 감사합니다. 여러분의 돈을 어떻게 빼앗아 드릴…… 아니 무엇을 도와드릴까요?

상담하기 전에 내가 호락호락하게 사기꾼에게 돈을 빼앗기는 사람은 아니란 걸 말하고 싶군요. 일단 정말로 굉장한 능력이 있는지 확인해 보고 싶군요.

**6장** 건전한 비판 정신을 갖는 것이 중요합니다

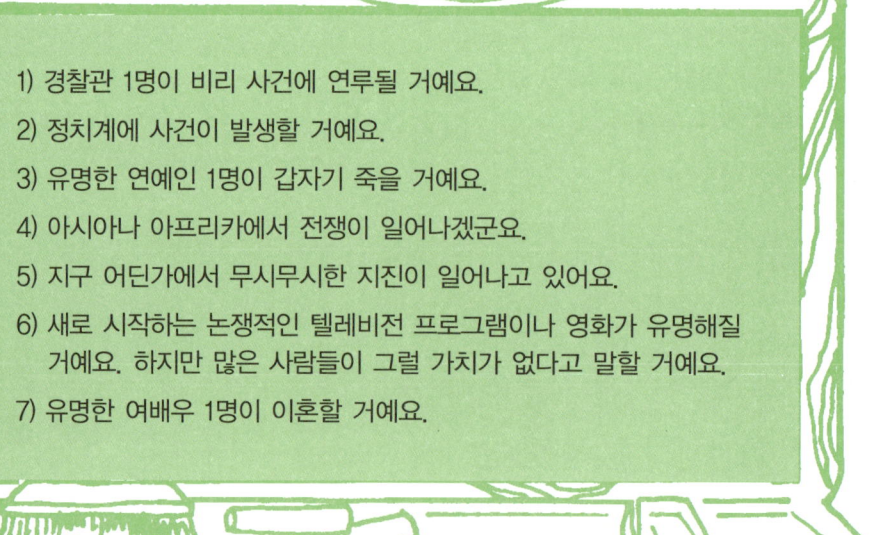

**6장** 건전한 비판 정신을 갖는 것이 중요합니다

앞에서 우리는 열린 마음이 아주 중요하다는 이야기를 했지. 하지만 그렇다고 아무 거나 믿으라는 말은 아니야. 저 심령술사한테 전화를 걸면 1분에 5,000원씩 내는 걸로 끝나겠지만 앞으로 나올 이야기들은 사람들이 비판적 사고를 하지 않으면 엄청나게 커다란 손해를 볼 수 있다는 걸 알려 주지.

근데, 내가 전화하는 심령술사는 1분에 4,000원이거든? 능력이 없어서 그러는 걸까?

건전한 비판 정신을 갖는 일은 아주 중요해. 아무 생각 없이 무조건 받아들일 정도로 열린 마음을 가질 필요는 없단다.

## 심령 수술

상태가 아주 심각해서 회복될 가능성이 아주 낮거나 거의 없을 경우 사람들은 자신을 치료해 주겠다고 약속하는 비양심적인 사람들에게 절망적으로 매달리게 되는 경우가 있습니다.

의사들은 더 이상 치료할 방법이 없다고 말했지만 나는 직접 몸속으로 들어가 암 세포를 꺼내 올 능력이 있어요. 그저 여러분은 두 가지 일만 해 주면 됩니다. 첫째는 1,000만 원만 현금으로 준비하면 되고 둘째는 평가하고 의심하는 마음을 며칠 동안 없애는 겁니다.

심령 수술은, 절망에 빠진 환자를 이용해 돈을 버는 사람들이 효과가 있다고 주장하는 치료법 가운데 하나입니다. 심령 수술을 하는 사람들은 수술 도구와 마취제도 쓰지 않고 암 세포를 없앨 수 있다고 합니다. 더욱 놀라운 점은 수술이 끝난 후에도 상처 하나 남지 않는다는 것입니다. 직접 환자의 몸속으로 들어가 암 세포를 꺼내 온다고 하면서도 말입니다.

실제로 심령 수술사들이 하는 일은 진짜로 수술하고 있는 것처럼 환자를 속이는 겁니다. 그 사람들은 동물의 피와 조직을 숨겨 놓기 위해 가짜 손가락을 사용합니다. 자신들이 수술이라고 하는 의식이 진행되는 동안 환자는 자신의 몸에서 떨어져 나온 것 같은 피와 암세포처럼 보이는 조직을 보게 됩니다. 심령 수술이 끝나면 환자는 훨씬 가난한 상태로 집으로 돌아가지만 건강 상태는 조금도 나아지지 않았습니다.

커다란 내 엄지손가락이나 등 뒤에 숨긴 닭 같은 건 쳐다보지 말아요!

미국 암 협회는 "지금까지 심령 수술사가 했던 모든 치료는 다양한 속임수의 결과"라고 말했어. 치료법 같은 걸 판단할 때는 오컴의 면도날을 적용해 봐. 그러면 심령 수술 같은 치료법을 제대로 판단할 수 있을 거야.

사람이 정말 직접 몸속에 손을 넣어 암세포를 꺼내 올 수 있을까를 고민하다가 오컴의 면도날을 생각해 보니까 그건 속임수일 가능성이 크다는 결론을 내렸어.

> ### 생각해 봅시다!
>
> **1** 사람들이 속임수를 쓰는 가짜 의사임이 분명한 사람들을 찾아가는 이유는 무엇일까요?
>
> **2** 가짜 수술을 받기 위해 수천만 원을 쓴 사람들 중에는 수술을 받은 후에 훨씬 기분이 좋아졌다는 사람이 많습니다. 이런 사람들의 건강이 실제로 좋아진 이유에 대해 생각해 봅시다.
>
> **3** 심령 수술을 받으려는 사람이 있습니다. 심령 수술을 받지 않도록 설득하고 싶다면 어떤 말을 해 주어야 할까요?

## 발명 회사

1980년대부터 1990년대에 있었던 일입니다. 한 발명 회사에서 발명가들이 아이디어를 보내 주면 그 아이디어를 검토해 보겠다는 텔레비전 광고를 밤마다 내보냈습니다. 발명가가 보낸 아이디어가 좋으면 그 발명품을 시장에서 팔 수 있도록 도와주겠다는 것입니다.

발명품을 보내 봐요. 크건 작건 간단하건 복잡하건 상관없어요. 우리는 발명품을 파는 방법을 알고 있다고요. 우리가 당신을 부자로 만들어 줄게요.

새로운 쥐덫에 관한 아이디어가 있어요. 쥐가 치즈를 만지면 3초 후에 닫히고 금속 막대에 두툼한 고무 패드를 대는 거지요.

6장 건전한 비판 정신을 갖는 것이 중요합니다

그 회사로 아이디어를 보낸 발명가들은 대부분 발명품이 아주 근사하다는 말을 들었습니다. 그런데 발명품을 칭찬한 회사는 이내 시장에 내다 팔 발명품을 만들려면 약간의 돈이 필요하다고 했습니다. 그 돈은 발명가가 내야 한다고 했습니다. 미국 아이오와 주에 사는 —사실 우리가 부르게 될 제이라는 이름은 그의 진짜 이름이 아닙니다. 이 발명가는 자신의 이름을 밝히기 싫다고 했습니다— 제이 씨의 친구 몇 명은 몇 십만 원만 투자하면 몇 천만 원을 벌 수 있다는 말에 그 회사로 돈을 보냈습니다.

발명 회사로 돈을 보내는 친구들을 보면서 제이 씨는 혹시라도 그 회사가 사람들을 속이고 있는 게 아닌지 알아보기 위해 얼마나 정직한 회사인지 시험해 보기로 했습니다. 그래서 제이 씨는 이 세상에서 가장 엉터리인 데다 쓸모도 없는 발명품을 생각해 내 그 회사로 보내기로 했습니다. 자기가 보낸 엉터리 아이디어를 칭찬한다면 그 회사는 엉터리 회사임이 분명했습니다.

여러 가지 고민 끝에 제이 씨는 스프링을 장착해 단추를 누르면 음식을 향해 날아가는 포크를 만들기로 했습니다. '파워포크'라고 이름 붙인 이 발명품은 거추장스럽고 비싼 데다 전혀 쓸모가 없어서 아무도 사지 않을 것이 분명한 엉터리 발명품이었습니다. 제이 씨는 이런 발명품을 멋진 발명품이라고 말하는 발명 회사라면 사람들을 속이고 있는 게 분명하다고 생각했습니다.

제이 씨, 귀하의 발명품은 우리 회사 사람들을 모두 흥분시켰습니다. 우리는 즉시 귀하의 발명품을 팔 수 있게 만들 겁니다.

17

제이 씨가 아이디어를 회사로 보내자 2주 후 '파워포크'를 잔뜩 칭찬하는 답장이 왔습니다. 회사는 제이 씨의 발명품은 팔릴 가능성이 무척 많기 때문에 100억은 벌 수 있으니 제이 씨가 50만 원만 보내 주면 곧바로 상품으로 개발하겠다고 했습니다.

발명 회사는 제이 씨에게 50만 원을 보내라고 몇 번이나 계속해서 연락을 해 왔습니다. 사실 '파워포크'는 전혀 쓸모가 없는 물건이었는데도 회사 사람들은 계속해서 제이 씨가 정말 영리한 발명을 했다며 상품으로 만들자고 했습니다. 귀찮을 정도로 자주 오는 전화를 끊기 위해 제이 씨는 '파워포크'는 아주 위험하다고 말했습니다. 제이 씨의 어머니가 '파워포크'를 사용하다가 목에 포크가 박혔다고 하면서 말입니다. 이 정도 이야기했으면 다시는 연락이 안 올 줄 알았는데, 그것은 제이 씨가 잘못 생각한 것이었습니다. 발명 회사는 제이 씨가 결국 신고하겠다고 으름장을 놓은 후에야 비로소 전화를 하지 않았습니다.

이 이야기는 건전한 비판 정신이 어째서 중요한지를 알려 주지. 이건 오래된 속담인데 말이야, 진짜라고 하기에 너무나도 좋은 게 있다면 말이야, 그건 진짜가 아닐 가능성이 크다는 뜻이야.

진짜라고 하기에 지나치게 좋다고 해서 다 거부하는 건 아니야. 하지만 오늘 아침에 본 커다란 치즈 조각 같은 건 말이야, 분명히 조심해야 할 거 같았어.

# 획기적인 의사소통 방법

자폐증은 다른 사람과 관계를 맺는 일이 힘든 발달 장애입니다. 자폐증을 앓는 아이들 중에는 말하는 게 어려운 아이도 있고 고집스럽게 하나의 일에만 집착하는 아이도 있습니다.

1980년대 오스트레일리아에서 흥미로운 사실을 하나 발견했습니다. 어른들이 자폐증을 앓고 있는 아이들의 손가락을 잡고 컴퓨터 자판 위에 올려놓으면 자폐증을 앓고 있는 아이들은 그렇지 않은 아이들보다 훨씬 뛰어난 생각을 자판으로 쳤습니다. 읽기와 쓰기를 전혀 못 하거나 조금밖에 못한다고 생각했던 6세, 7세 아이들이 자판을 이용해 실제로는 자기들보다 훨씬 큰 아이들이 사용하는 표현력을 구사하고 있었습니다. 이런 모습을 지켜본 사람들은 누구나 자폐증을 앓는 아이들이 지능적으로 문제가 있는 것은 아니라는 사실뿐 아니라 의사소통 능력이 월등히 뛰어나다는 사실 때문에 깜짝 놀랐습니다.

자폐증을 앓는 아이들에게는 정말 도움이 되는 발견이었지. 그 발견 덕분에 자폐증을 앓는 아이들은 단순히 자신의 생각을 제대로 표현하지 못하는 것뿐이라고 여기게 됐어. 일단 어른들이 자판 두드리는 걸 도와주면 능숙하게 자신의 생각을 표현할 수 있다고 말이야. 그런데 어떤 현명한 사람이 그런 일이 전혀 불가능할 거라고는 생각하지 않았지만 그래도 비판적인 사고방식을 이용해 점검해 보기로 했어.

그러니까 말이야. 혹시 자판을 두드리고 있는 건 아이가 아니라 아이의 손가락을 잡고 있는 어른일지도 모른다고 생각해 보는 게 현명하지 않을까?

오스트레일리아에서 발견한 사실을 전해 들은 미국의 교육가들 몇 명이 자폐증 아이에게 같은 실험을 해 보았습니다. 교육가들이 아이들의 손가락을 잡고 자판 위에 올려놓자 오스트레일리아에서 그랬던 것처럼 미국 아이들도 선생님을 깜짝 놀라게 만들 내용을 자판으로 쳤습니다. 읽기 쓰기 능력이 없을 거라고 생각했던 아이들이 완벽한 문장을 구사할 뿐 아니라 아주 논리적인 이야기를 하고 있었습니다.

이 놀라운 실험에 대한 이야기가 미국 전역으로 퍼져 나가자 수천 명이 넘는 자폐증 아이들에게 자판과 손가락을 잡아 줄 어른이 제공되었습니다. 거기다 자폐증 아이들이 입증해 주었듯이 자판을 이용한 타이핑은 지능 개발에 좋다는 생각 때문에 교육 계획안까지 획기적으로 바뀌었습니다.

6장 건전한 비판 정신을 갖는 것이 중요합니다

교육청에서 수천만 원을 쓰기 전에 말이야, 정말로 자판을 두드리고 있는 게 아이들인지 확인해 봐야 하는 거 아닐까?

불행하게도 아이들이 정말로 자판을 쳐서 자신의 생각을 표현하고 있는지를 확인해 보는 과학 실험이 진행되기도 전에 획기적인 의사소통 방법이라고 부른 자판을 이용한 의사소통 방법은 미국 전역으로 아주 빠르게 퍼져 나갔습니다. 그런데 어쩔 수 없이 진짜 자판을 치고 있는 사람들이 누군지 확인해야 하는 상황이 벌어졌습니다. 컴퓨터 화면에 부모님과 어른들에게 학대당하고 있다는 글들이 나타났기 때문입니다.

자판으로 입력한 글 때문에 아버지들은 감옥에 가고 아이들은 부모님과 함께 살 수 없는 경우가 계속해서 나왔습니다. 부모님들이 이에 항의해 법정 싸움이 벌어지자 법원은 획기적인 의사소통 방법이 과학적으로 믿을 수 있는 방법인지를 알아보라고 명령했습니다.

이 이야기에서 가장 안타까운 게 뭔 줄 알아? 그건 획기적인 의사소통 방법이 진짜 획기적인 방법인지 아닌지를 확인하는 방법이 아주 간단했다는 거야. 그냥 단순히 자판을 두드리는 아이와 어른에게 각각 다른 그림을 보여 주고 입력해 보라고 하면 되는 거였어.

도대체 과학적으로 입증도 안 된 방법이 그렇게나 빨리 퍼져 나간 이유가 뭘까?

21

검증 실험이 끝나고 놀라운 결과가 나왔습니다. 아이와 어른에게 어떤 그림을 보여 주건 자판으로 입력하는 그림의 이름은 언제나 어른이 보았던 그림이었습니다. 따라서 자판을 두드리는 건 아이가 아니라 어른임이 분명했습니다.

그런데 이런 결과보다 훨씬 놀라운 것은 획기적인 의사소통 방법을 사용하는 사람들의 반응이었습니다. 아주 많은 사람들이 분명하게 드러난 과학 증거를 무시하고 자판을 직접 두드리고 있는 사람은 어른의 도움을 받은 아이라고 믿었습니다.

사람들은 자기가 믿고 싶은 것만 믿고 수학이나 과학이 말하는 것을 아주 쉽게 무시해 버리는 경우가 많아. 획기적인 의사소통 방법이 특히 어처구니없는 점은 자판을 두드리는 동안 어른들은 언제나 자판을 응시하고 있었지만 아이들은 때때로 멍하니 창문을 보기도 했다는 거야.

교육부는 획기적인 의사소통 방법을 사용하기 전에 분명히 과학적인 근거가 있는 방법인지 알아봐야 했다고. 어쨌든 법원이 과학 증거를 요구한 덕분에 억울하게 잡혀 간 부모님들이 풀려날 수 있었어.

> ### 생각해 봅시다!
>
> **1** 획기적인 의사소통 방법이 아주 빨리 퍼져 나갈 수 있었던 이유는 무엇일까요?
>
> **2** 많은 사람들이 획기적인 의사소통 방법이 엉터리라는 증거를 보고도 그 말을 믿지 않은 이유는 무엇 때문일까요?
>
> **3** 자판을 두드리는 사람은 어린이들이 아니라는 과학 증거가 나온 후에도 아이들에게 획기적인 의사소통 방법을 계속 사용하게 하는 일은 윤리적으로 옳은 일일까요, 그렇지 않을까요? 여러분의 의견을 말해 보세요.

## 백신 반대 운동

천연두, 척수성 소아마비, 홍역 같은 무서운 어린이 질병은 예전 같으면 대부분이 사망하는 무시무시한 결과를 낳았습니다. 그러나 1900년대 중반 이후부터 실시된 정부의 지원과 부지런히 시행한 예방 접종 프로그램 덕분에, 부모님들은 이제 아이들을 죽음으로 몰고 가는 무시무시한 전염병의 공포로부터 벗어나 안심하고 살아갈 수 있게 되었습니다.

미국에서 예방 접종 프로그램을 열심히 시행한 결과, 아이들을 괴롭히던 무시무시한 질병은 이제 과거의 기억으로만 남았습니다. 척수성 소아마비 때문에 부목을 대고 힘들게 걸어가는 아이도 철제 호흡 보조기 속에서 무서워서 떨고 있는 아이들이 가득한 병실도 이제는 더 이상 찾아보기 어렵습니다. 완전히 사라지지는 않았어도 갈비뼈가 갈라질 정도로 힘들게 기침을 하는 아이도 쉽게 볼 수 없습니다. 해마다 수십만 명의 목숨을 앗아 간 홍역도 더 이상 위력을 떨치지 못합니다.

무시무시한 질병들이 기억 저편으로 사라져 간 데다 생백신이 부작용을 일으키는 경우가 조금 있다는 이유로 놀라울 정도로 많은 사람들이 현재 아이들에게 예방 접종을 하지 않고 있습니다. 과학 증거는 전혀 반대되는 말을 하고 있는데도 점점 더 많은 사람들이 예방 접종이야말로 발작이나 자폐증 같은 다양한 질환이 생기는 원인이라고 믿고 있습니다. 이런 믿음을 가진 사람들은 아이들에게 예방 접종을 하지 않습니다. 물론 아주 심각한 문제가 생기는 경우도 있습니다. 하지만 과학적으로 봤을 때 일반적으로 백신의 부작용은 훨씬 무서운 전염병을 막아 줄 군대를 고용하기 위해 부담해야 하는 저렴한 비용이라고 할 수 있습니다.

의학계가 백신의 부작용을 지적하는 이야기에 열린 마음을 갖고 가능성을 점검해 보는 일은 무척 중요하지. 하지만 백신이 여러 가지 건강 문제를 일으킨다는 주장을 건전한 비판 정신을 가지고 점검해 보는 일도 아주 중요하다고.

장애를 가진 아이의 부모님은 아이가 전염병에 걸리면 어떻게 되는지는 생각하지 못할 때가 많은 거 같아.

현재 미국의 50개 주에서는 면역계에 문제가 있거나 백신에 알레르기가 있는 것처럼 의학적으로 이유가 있는 미취학 아동의 경우, 부모님이 예방 접종을 하지 않아도 좋다고 허락하고 있습니다. 또한 그중 $\frac{1}{3}$에 해당하는 주에서 개인 사정이나 예방 접종을 하지 않겠다는 생각이 분명하면 하지 않아도 좋다고 허락하고 있습니다.

전염병을 예방하려면 전체 인구의 높은 비율이 예방 접종을 받아야 하지. 그래서 이런 예방법을 '집단 면역'이라고도 해. 아이들에게 예방 접종을 하지 않는 부모님의 수가 아주 적다면 집단 면역은 여전히 효력을 발휘할 거야. 하지만 예방 접종을 하지 않는 부모님의 수가 어떤 수준을 넘어가면 집단 면역은 효과가 없어져.

'집단 면역'이 효과가 없어져 심각한 병이 발생했던 적이 몇 번 있습니다. 1990년 캘리포니아 남부 지역에서도 그런 일이 일어났습니다. 당시 4만 명이 홍역에 걸렸고 100명 정도가 세상을 떠났습니다. 지금도 '집단 면역'이 쓸모없게 될 가능성이 있는 곳이 많습니다. 워싱턴 주에 있는 애숀 섬도 그중 한 곳입니다. 이곳 아이들의 18%는 어린이 질병을 막아 줄 예방 접종을 하지 않습니다. 이런 곳에서 전염병이 발생하면 예방 접종 여부와 상관없이 모든 아이들이 위험하게 됩니다.

예방 접종을 하지 않은 아이가 다른 아이들과 접촉하게 되면 예방 접종을 하지 않은 아이뿐 아니라 예방 접종을 한 아이들까지 위험해지는 겁니다. 예방 접종을 받지 않은 아이와 함께 있는 곳에서 전염병이 발생하면 갓난아이들, 면역계가 약한 노인들, 태아, 심지어는 예방 주사를 맞은 아이들까지도 쉽게 감염될 수 있습니다.

나는 왜 풍진처럼 그다지 무섭지 않다고 들은 병도 예방 주사를 맞을까 궁금했었어. 그러나 1960년대에 머리가 아주 작거나 소리가 들리지 않거나 앞이 보이지 않는 심각한 질환을 가진 아이들이 5만 명 넘게 태어났다는 사실을 알게 되었어. 어머니가 그 아이를 임신했을 때 풍진에 걸렸기 때문이었지.

아이가 위험할지도 모를 일을 한다는 건 쉬운 일이 아니지. 특히 부작용이 알려져 있는 예방 접종 같은 경우는 말이야. 하지만 점점 많은 사람들이 예방 접종을 하지 않는 건 자폐증이나 발작, 이유를 알 수 없는 죽음과 백신이 관계가 있을지도 모른다는 이야기를 계속해서 내보내는 언론 때문이라고. 그런 방송을 본 사람들은 공포에 질려 과학적으로 생각하는 일이 불가능해지지.

하지만 그런 주장이 나왔을 때는 비판적 사고방식을 유지해야 한다는 사실을 명심해야 해. 열린 마음도 중요하지만 어린이 전염병을 예방하는 백신을 맞지 않았을 때는 아주 무시무시한 일이 생긴다는 사실을 기억해야 해. 그런 일은 반드시 감정이 아니라 과학에 근거해 결정해야 한다고.

## 생각해 봅시다!

1 '집단 면역'에 대해 설명해 보세요.

2 예방 주사를 맞지 않은 아이는 다른 사람들도 위험에 빠뜨릴 수 있습니다. 어떤 사람을 어떻게 위험에 빠뜨리게 되는지 이야기해 봅시다.

3 과학자들에게 아이들이 반드시 예방 주사를 맞아야 하는지를 물어보면 흔히 '큰 그림을 봐야 한다.'고 대답합니다. '큰 그림을 봐야 한다'는 것은 어떤 의미일까요?

## 간단한 거짓말 탐지기 검사 (응용 운동 생리학)

아주 간단한 방법으로 사람들이 진실을 말하는지 거짓을 말하는지 알아낼 수 있다고 믿는 사람들도 있습니다. 먼저 말하는 사람은 팔을 벌리고 서 있어야 합니다. 그 사람이 말을 하고 있는 동안 질문자는 그 사람의 팔을 아래로 누릅니다. 팔이 쉽게 내려가면 거짓말을 하는 거고 팔이 쉽게 내려가지 않으면 진실을 말하고 있다고 합니다.

농담이겠지? 세상에 진짜 이런 걸 믿는 사람이 있단 말이야?

심지어는 이런 방법으로 독이 든 물질까지 알아맞힐 수 있다고 믿는 사람들도 있습니다. 그런 사람들은 나쁜 물질이 손에 닿으면 나쁜 진동이 일어나 팔을 약하게 하고 좋은 물질이 손에 닿으면 좋은 진동이 일어나 팔이 강해진다고 합니다.

제발 이것도 농담이라고 말해 줘!

응용 운동 생리학이라고 부르는 이런 방법은 물론 말이 되지 않아. 과학적으로 봤을 때 팔의 힘은 질문을 하는 사람이 어떤 결과를 기대하느냐에 따라 달라질 테니까.

그래서 비판적 사고방식을 유지하는 게 중요한 거야. 충분히 상상할 수 있겠지만 어떤 물질이 독약인지 알아보기 위해 팔로 버티는 실험을 하면 심각한 문제가 생길 수도 있다고.

과학은 응용 운동 생리학이 정말로 효과가 있는지를 알아보기 위해 노력해 왔습니다. 응용 운동 생리학을 하는 사람의 팔을 벌리게 한 뒤 어떤 물질을 쥐어 주고 그 물질에 대해 답해 보라고 하자, 아주 무시무시한 독약인데도 아주 안전하다고 대답하거나 반대로 아주 안전한 물질인데도 무서운 독약이라고 대답하기도 했습니다. 응용 운동 생리학을 철저하게 조사해 본 과학은 응용 운동 생리학이 전혀 쓸모없는 학문이라는 결론을 내렸습니다.

### 생각해 봅시다!

1 응용 운동 생리학을 믿으면 크게 위험해질 수도 있습니다. 그 이유에 대해 설명해 보세요.

2 이제 여러분은 응용 운동 생리학의 진실을 가려내기 위해 과학 실험을 해야 합니다. 어떤 방법으로 실험을 해 볼 생각인지 말해 보세요.

3 오컴의 면도날을 적용하면 응용 운동 생리학은 어떤 평가를 듣게 될까요? 한번 이야기해 보세요.

# 1단계 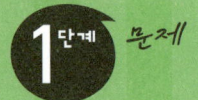 ○●○ 건전한 비판 정신을 갖는 것이 중요합니다

**1** N선은 거의 모든 물체가 내보내는 방사선이라고 합니다. N선은 X선이 발견되던 무렵 르네 블롱들로가 발견했습니다.(N선은 하나가 아니라 사실 여러 개입니다.) 블롱들로가 N선을 발표한 후 수많은 과학자들이 N선은 있으며 재미있는 특징이 아주 많다는 사실을 확인해 주었습니다. 과연 N선은 진짜로 있을까요?

**2** 점을 이용해 미래를 알 수 있다고 생각하는 사람들이 있습니다. 동물의 뼈를 부러뜨려 부러진 모양을 보고 미래를 알아맞히는 점도 있습니다. 이런 점을 볼 때는 어떤 동물의 뼈를 사용할까요? 뼈를 이용한 점을 보는 사람이 아직도 있을까요?

**3** '전파 감지 및 조준' 장치를 개발한 사람들은 자신들이 만든 기계는 보이지 않는 물체도 감지할 수 있을 뿐 아니라 얼마만 한 크기와 모양으로 어떤 속도와 방향을 향해 나가고 있는 것까지 알아맞힐 수 있다고 했습니다. 개발자들이 말하는 이런 기계가 정말로 있을까요?

**4** 강력한 힘을 가진 피라미드는 면도칼의 날을 날카롭게 만들고 생명을 연장하고 오염된 물을 마실 수 있는 물로 만들어 주는 놀라운 일을 한다고 합니다. 정말로 피라미드에 그런 힘이 있을까요?

**5** 어떤 회사에서 몸속에 들어 있는 좋은 이온을 활성화시켜 건강을 지켜 주고 암 환자의 고통을 덜어 주는 등 여러 가지로 건강에 도움을 주는 팔찌를 만들었다고 발표했습니다. 정말로 이런 팔찌가 있을까요?

## 2단계 문제 ○●○ 건전한 비판 정신을 갖는 것이 중요합니다

**1** 반사 요법은 발바닥을 검사해 건강 상태를 알아보는 진단 요법입니다. 반사 요법을 하는 사람들은 발바닥이 몸의 다른 기관과 연결되어 있다고 주장합니다. 반사 요법가의 주장이 사실일까요?

**2** 공중 부양이란 중력의 법칙을 거스르고 공중에 붕 떠 있는 상태를 말합니다. 수많은 마술사들이 마술쇼에서 공중 부양을 하고 있는 것처럼 꾸미기도 합니다. 그런데 진짜로 중력을 거슬러 공중 부양을 할 수 있다고 주장하는 사람들도 있습니다. 공중 부양을 할 수 있는 사람들이 정말로 있을까요?

**3** 골상학이란 두개골의 형태를 연구해 사람의 성격을 판단하는 의학 검사 기술입니다. 골상학은 옳은 검사 방법일까요?

**4** 어떤 회사에서, 매달 내야 하는 유선 방송이나 위성 방송 수신료를 내지 않아도 되는 기계를 발명했다고 광고했습니다. 이 회사는 이 기계가 완전히 합법이며 비용도 2만 원밖에 되지 않는다고 했습니다. 이 장비만 있으면 공중에서 방송 신호를 직접 수신할 수 있다고 했습니다. 이 회사 사람들은 거짓말을 하고 있는 걸까요, 진실을 말하고 있는 걸까요?

**5** 전자 심령 현상 연구란 진동하는 파장을 이용해 병을 알아내고 치료하는 방법입니다. 전 세계적으로 수천 명이 넘는 사람들이 사람을 아프게 만들거나 죽게 하는 나쁜 파장을 다양한 전자 심령 치료 기계를 이용해 알아내고 치료한다고 주장하고 있습니다. 그런 사람들은 전자 심령 치료 기계를 이용하면 세균이나 독소, 중금속, 오염 물질 같은 건강을 해치는 환경 물질을 없앨 수 있다고 합니다. 정말로 전자 심령 치료 기계는 그런 일을 할 수 있을까요?

○●○ 건전한 비판 정신을 갖는 것이 중요합니다

**1** 호기성(세균 따위가 산소가 있을 때에 생육하는 성질)을 가진 물이나 산소 첨가수 같은 상품은 세포에 도달하는 산소의 양을 크게 늘려 준다는 새로운 제품입니다. 산소 첨가수를 믿는 사람들은 대기 속 산소의 양이 줄어들고 있고 즉석식품 속에도 산소의 양이 적게 들어 있으니 직접 산소를 먹어야 한다고 주장합니다. 정말로 산소를 첨가한 물은 건강에 좋을까요? 여러분의 의견을 말해 보세요.

**2** 아세틸살리실산의 힘을 믿는 사람들은 이 물질이 기적의 물질이라고 말합니다. 심장마비를 막아 줄 뿐 아니라 관절염이 악화되는 것을 막아 주고 통증을 줄여 준다고 말입니다. 그뿐이 아닙니다. 이들은 아세틸살리실산이 열도 낮춰 주고 뇌졸중도 막아 준다고 주장합니다. 정말로 아세틸살리실산은 그런 힘이 있을까요?

**3** 홍채 진단법은 눈을 들여다보고 몸의 각 부분의 건강 상태를 알아내는 방법입니다. 홍채의 각 부분은 몸의 다른 부분과 연결되어 있다고 합니다. 따라서 홍채의 어떤 부분에 점이 나타나거나 어떤 표시가 나타나면 그 부위에 해당하는 부분이 현재 아프거나 앞으로 아프게 될 거라고 합니다. 이런 홍채 진단법은 정말로 과학이라고 할 수 있을까요?

**4** 수정은 신비한 힘을 가지고 있기 때문에 병을 치료할 뿐 아니라 끝없는 지혜도 얻을 수 있다고 생각하는 사람이 많습니다. 게다가 수정은 미래를 알아맞히는 예지력이 있다고 믿는 사람도 있습니다. 과연 수정은 그런 특별한 힘이 있을까요?

**5** 영구 기관이란 일단 움직이기 시작하면 따로 연료를 공급해 주지 않아도 혼자서 계속해서 작동하는 기계를 말합니다. 그런 기계만 있으면 전 세계 사람들이 돈이 조금밖에 없거나 아예 없어도 충분한 에너지를 사용할 수 있습니다. 그렇기 때문에 벌써 수백 명이 넘는 발명가들이 영구 기관을 만들기 위해 노력하고 있습니다. 과연 영구 기관을 만들 수 있을까요?

# 7장
## 통계에 속지 맙시다!

통계를 이용해 사실을 조작하고 속이고 완벽한 거짓말을 할 수도 있기 때문에 어린 학생들은 통계를 정확하게 분석하는 방법을 반드시 배워야 합니다.

"통계를 기반으로 생각하는 사고방식이 읽고 쓰는 능력처럼 문명인이라면 반드시 익혀야 하는 필수 사항이 될 날이 올 것입니다."

— H. G. 웰스

우리들 숙제를 좀 봐요. 한 주 내내 무척 많았다가 금요일이 되어서야 조금 줄어들었다고요.

저 학생들은 매일 밤 해야 하는 숙제가 너무 많다고 교육 위원회를 찾아가 불만을 터트리고 있는 거야.

교육 위원회에서 일어난 일이 바로 통계가 사람을 바보로 만드는 전형적인 예란다. 학생들은 숙제가 아주 많은 것처럼 보이게 하려고 최대 눈금이 60분인 그래프를 그렸어. 선생님들은 학생들과는 반대로 해석할 수 있는 그래프를 그렸지.

선생님도 학생들도 거짓말을 한 건 아니야. 하지만 자신들에게만 유리한 그래프를 그렸던 거야.

어떻게 한 건지 알아. 선생님들은 최대 눈금이 12시간인 그래프를 그렸기 때문에 학생들에게 숙제를 전혀 내 주지 않은 것처럼 보였어.

컴퓨터로 선생님들의 그래프와 학생들의 그래프를 그려 보고 그런 다음에는 공정하다고 생각되는 그래프를 그려 봤어. 최대 눈금은 학교에서 생활하는 시간과 잠을 자야 하는 시간을 뺀 6시간으로 했지.

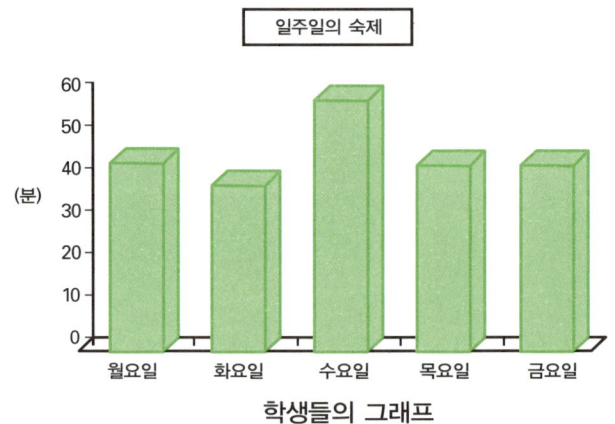

학생들의 그래프

선생님들의 그래프

여기 공평한 그래프가 있어. 이 그래프를 보니 선생님들의 그래프가 학생들의 그래프보다 좀 더 진실에 가까웠던 거 같군.

공평한 그래프

## 화살 둘레에 과녁판 그리기

아무리 보아도 이 사람은 정말 뛰어난 사수가 틀림없었습니다. 하지만 생쥐는 사수가 정말로 먼 곳에서 화살을 쏘았는지 의심이 되었습니다. 사수가 과녁판에서 45m 떨어진 곳에 있다고 해서 사수가 정말로 화살을 잘 쏘는 사람이라고 단정할 수는 없습니다. 어떤 일이 있었는지를 알아보려면 10분 전에 있었던 일을 알아보아야 합니다.

### 10분 전

이 사수도 사람들이 통계를 이용해 남들을 속이는 방법으로 사람들을 속였어. 이런 방법을 흔히 '화살 둘레에 과녁판 그리기'라고 하지. 이제부터 들려줄 가상의 이야기는 조그만 도시의 지도자들이 사람들이 어떤 식으로 자신들의 작은 마을 공항을 시카고 공항보다 좋은 곳이라고 믿게 했는지를 들려줄 거야. 도시의 지도자들은 화살 둘레에 과녁판을 그린 거지.

## 가상의 이야기

아주 작은 도시에 공항이 있었는데 근처에 있는 시카고 공항 때문에 손님이 줄어들어 걱정이 많았습니다. 그 도시에 사는 사람들은 대부분 시카고 공항에서 비행기를 타는 것이 싸다고 생각했기 때문에 자신들이 사는 도시가 아니라 시카고로 가서 비행기를 탔습니다. 작은 도시 공항에 손님이 줄어들면 결국 수입이 줄어들어 문을 닫을 수밖에 없습니다. 따라서 도시 지도자들의 걱정이 이만저만이 아니었습니다.

스몰빌에서 비행기를 타는 사람이 훨씬 많아져야 해요. 그러려면 스몰빌 공항의 요금이 시카고 공항의 요금과 같거나 오히려 더 싸다는 사실을 통계학적으로 보여 줘야 해요.

완벽한 해결책이 있다고! 물론 진실을 말할 테지만 통계를 약간 조작할 필요가 있어.

## 비행기는 스몰빌에서, 요금을 아끼자!

```
스몰빌에서 보스턴 ---------------------- 250,000원
시카고에서 보스턴 ---------------------- 278,000원


스몰빌에서 로스앤젤레스 ---------------- 312,000원
시카고에서 로스앤젤레스 ---------------- 480,000원


스몰빌에서 올랜도 ---------------------- 295,000원
시카고에서 올랜도 ---------------------- 305,000원
```

스몰빌은 싼 비행기 표를 구하기 위해 시카고까지 가야 할 필요가 없다는 사실을 알리는 광고를 하기로 했습니다. 그래서 스몰빌과 시카고에서 출발했을 때 세 도시까지 가는 데 드는 비행기 요금을 비교하는 표를 지역 신문에 실었습니다.

이 표를 보면 시카고까지 차를 몰고 가는 건 바보처럼 느껴졌지. 스몰빌에서 타면 시카고에서 탈 때보다 싸거나 똑같은 요금을 내면 되니까 말이야.

> 스몰빌의 지도자들이 말해 주지 않은 건, 세 지역을 뺀 나머지 지역으로 가는 요금은 대부분 시카고 공항이 싸다는 거였어. 스몰빌 공항에서 출발하는 500군데 도착지 가운데 시카고 공항보다 싼 곳의 정보만 알려 준 거야. 이런 게 바로 화살 둘레에 과녁판 그리기지. 거짓말을 한 건 아니지만 아주 교묘한 방법을 쓴 거야.

### 생각해 봅시다!

1 스몰빌의 지도자들이 한 일은 윤리적으로 옳은 일인가요?

2 스몰빌의 지도자들은 신문에 낸 광고로 사람들을 얼마나 오랫동안 속일 수 있을까요?

3 진실을 왜곡하는 '화살 둘레에 과녁판 그리기'의 또 다른 예를 생각해 봅시다.

## 바보가 된 의사들

통계에 속는 것은 정말 쉽기 때문에 하루에도 수백만 명이 넘는 사람들이 자신들이 읽은 정보를 제대로 이해하지 못합니다. 이런 일은 심각한 결과를 불러오기도 하는데 특히 의사들이 통계를 제대로 이해하지 못하는 경우 아주 무서운 일이 생기기도 합니다.

새로운 약을 실험할 때는 실험 결과를 가지고 그 약이 효과가 있는지 없는지를 판단해야 합니다. 그런데 어떤 과학자들이 어떤 약에 대한 통계 자료를 보고 그 약이 효과가 있는지 없는지를 의사들이 판단할 수 있는지 시험해 보면 재미있겠다는 생각을 했습니다.

과학자들은 50명의 의사에게 그 약을 먹은 환자 중 0.3%가 심각한 심장마비에 걸렸고 그 약을 먹지 않은 환자 중 0.4%가 심각한 심장마비에 걸렸다고 했습니다.

두 집단의 차이는 불과 0.1%밖에 되지 않잖아. 그건 1%의 $\frac{1}{10}$밖에 되지 않는다는 뜻이지. 그런 약이 효과가 있을 리 없지.

과학자들은 또 다른 50명의 의사들에게도 먼젓번 의사들과 똑같은 정보를 말해 주었지만 이번에는 약간 다른 식으로 말했습니다. 심장 약을 복용한 결과 사망률이 25% 줄어들었다고 말입니다.

진짜 대단한 약이군요! 사망률이 25%나 줄어들다니!

여러분은 과학자들이 두 집단의 의사들에게 전혀 다른 이야기를 해 준 것처럼 생각할 수 있지만 사실은 똑같은 이야기입니다. 0.4%에서 0.3%로 변했다는 이야기는 25%가 줄어들었다는 말이니까요. 그렇답니다. 의사들도 속을 때가 있습니다.

의사들의 말을 들어 본 과학자들은 의사들도 통계에 속을 때가 있다는 사실을 알게 됐지. 사망률이 25% 줄어들었다는 말을 들은 의사들은 대부분 그 약을 환자들에게 처방했어. 이 이야기는 숫자만 바꾸면 사람들을 쉽게 속일 수 있다는 뜻이지. 아무리 공부를 많이 한 의사라도 말이야.

### 생각해 봅시다!

**1** 의사들이 통계에 속은 이유를 생각해 봅시다.

**2** 의사들이 약품의 실험 결과를 제대로 이해하지 못하면 위험하다고 말하는 까닭을 생각해 봅시다.

**3** 숫자와 퍼센트를 혼동하면 곤란해지는 경우를 이야기해 봅시다.

# 경찰 청장 이야기 — 범죄율이 늘어날 때 오히려 낮아지고 있는 것처럼 꾸미기

### 가상의 이야기

점점 더 살해되는 사람이 많아져서 걱정이 많은 도시가 있었습니다. 시의회 의원들은 지도력이 풍부한 사람을 경찰 청장으로 뽑으면 범죄율이 낮아질지도 모른다는 생각에 새로운 경찰 청장을 임명했습니다. 지난 4년 동안 살해된 사람의 수는 다음과 같았습니다.

1990년 ------------------ 200명
1991년 ------------------ 205명
1992년 ------------------ 195명
1993년 ------------------ 200명

1993년 말, 새로운 경찰 청장이 뽑혔습니다. 새로 뽑힌 경찰 청장은 범죄율을 4년 전만큼 줄일 거라고 장담했습니다.

1997년 말이 되자 경찰 청장은 범죄율을 분석한 통계 자료를 가지고 시의회 의원들에게 보고하러 가게 되었습니다. 도시 전역에서 그 어느 때보다도 많은 범죄가 벌어지고 있다는 신문 기사를 보고 시의회 의원들이 잔뜩 화가 났기 때문입니다. 경찰 청장에게는 무척이나 안된 일이지만 범죄로 목숨을 잃은 사람이 너무나도 많이 늘어났습니다. 경찰 청장이 임명된 다음 해에 범죄로 사망한 사람은 300명이었고 그 다음 해는 375명, 그 다음 해는 425명이었습니다. 그리고 4년째인 1997년에는 450명이나 되었습니다.

| 1994년 | 300명 |
|---|---|
| 1995년 | 375명 |
| 1996년 | 425명 |
| 1997년 | 450명 |

이 숫자들을 훨씬 좋게 보이게 할 방법이 분명히 있을 텐데!

**7장** 통계에 속지 맙시다!

경찰 청장이 준비해 간 그래프에 깊은 감명을 받은 시의회 의원들은 살인 증가율이 너무나도 크게 줄어들었다며 경찰 청장을 칭찬했습니다. 시의회 의원들은 그에게 다음 4년도 계속해서 경찰 청장을 맡아 달라고 했습니다. 2002년 말, 경찰 청장에게 또다시 문제가 생겼습니다. 살해당하는 사람이 계속해서 증가했기 때문입니다. 그것도 엄청나게 많이 증가했습니다.

1998년 -------------------- 550명
1999년 -------------------- 655명
2000년 -------------------- 765명
2001년 -------------------- 880명

**7장** 통계에 속지 맙시다!

살인 증가율의 백분율이 꾸준히 줄어들었다는 강력한 증거를 보여 드리겠습니다.

**살인 증가율의 백분율**

살인 증가율의 백분율은 분수를 만들면 알 수 있어. 증가한 양을 분자로 처음 값을 분모로 두면 돼.

> 이 이야기의 교훈은 통계는 무조건 믿으면 안 된다가 아니야. 스노우 박사가 통계를 이용해 콜레라의 확산을 막은 이야기에서 알 수 있듯이 통계는 정말 중요해. 하지만 통계 자료를 분석할 때는 정말로 신중해야 해.

### 생각해 봅시다!

1 경찰 청장은 그저 숫자들을 좋게 보이게 했을 뿐 자신이 거짓말을 한 것은 아니라고 말합니다. 경찰 청장이 한 일은 윤리적으로 문제가 없을까요?

2 시의회 의원들은 경찰 청장에게 어떤 질문을 반드시 했어야 할까요?

3 부임 후 처음 4년 동안 경찰 청장은 살인 증가율이 줄어든다며 자랑스럽다고 했습니다. 과연 경찰 청장의 말처럼 살인 증가율이 줄어든다는 사실이 자랑스러운 일일까요, 그렇지 않을까요? 여러분의 생각을 말해 보세요.

## 믿을 수 없는 자동차 광고

어떤 자동차 회사가 가장 차를 잘 만들었는가를 알아보는 방법 가운데 하나는 10년 후에도 여전히 멋지게 도로를 달리고 있는가를 알아보는 것입니다. (이 이야기는 1980년대 초반에 실제로 있었던 광고 내용을 가지고 꾸몄습니다.)

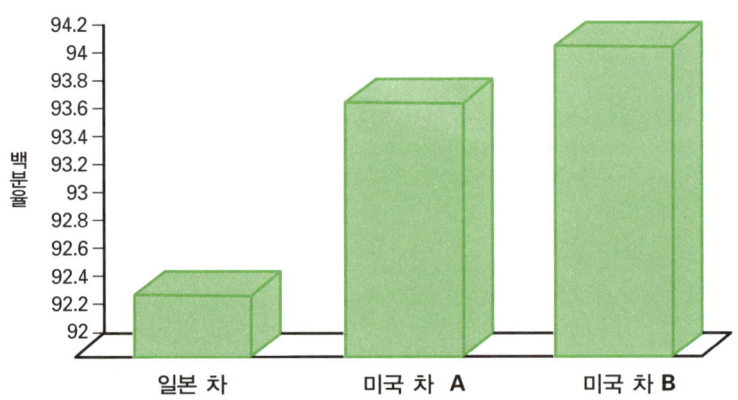

이 그래프만 보면 미국 차가 일본 차보다 훨씬 좋다고 생각하겠는걸!

이런 막대그래프를 볼 때는 그래프의 눈금을 자세히 봐야 해. 그래프의 눈금을 보면 세 차 모두 거의 비슷한 비율로 도로를 달리고 있는데도 그래프만 보면 미국 차가 일본 차보다 훨씬 좋은 것처럼 느껴지거든. 내가 만약 일본 자동차 회사에서 일하는 사람이라면 아마도 다음과 같은 그래프를 그릴 거야.

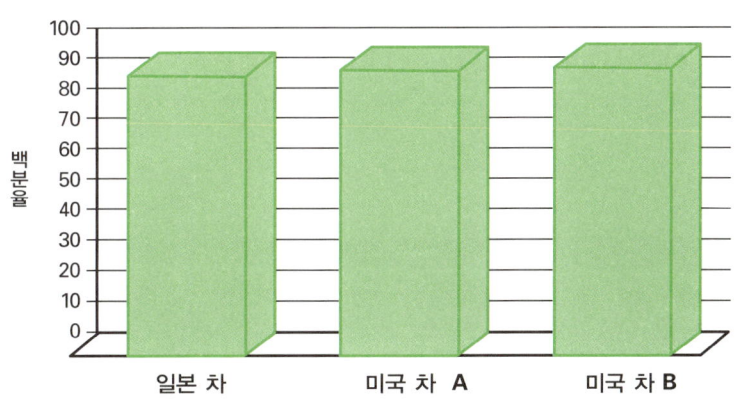

10년 후에도 도로를 달리고 있는 차

이 그래프를 보면 세 회사 모두 비슷한 성능의 차를 만든다는 걸 알 수 있지. 막대그래프를 볼 때는 말이야 눈금과 간격을 자세히 보지 않으면 정보를 잘못 이해할 수도 있어. 두 그래프 모두 같은 정보를 담고 있지만 보이는 모습은 크게 다르지.

## 생각해 봅시다!

**1** 소비자가 속을 수도 있는 이런 광고를 해도 되는 걸까요?

**2** 공장에서 만들어진 후 10년 이상 운행되는 자동차의 백분율을 조사해 봤더니 일본 차는 70%, 미국 차는 95%였습니다. 두 자동차의 백분율을 이용해 본문에 나오는 것과 같은 막대그래프를 그리는데, 두 막대의 크기가 거의 차이가 나지 않게 그려 보세요.

**3** 막대그래프는 그림으로 표현하기 때문에 사람들을 속이기 쉽습니다. 어째서 막대그래프를 이용하면 사람들을 쉽게 속일 수 있을까요? 그 이유를 말해 보세요.

  ○●○ 통계에 속지 맙시다!

**1** 지수는 A 회사와 B 회사 가운데 자신이 원하는 곳에서 근무할 수 있습니다. A 회사의 평균 월급은 320만 원이고 B 회사의 평균 월급은 250만 원입니다. 지수가 월급이 많은 회사에 들어가고 싶다면 두 회사 중 어디로 가야 할까요? 두 회사의 평균 월급에 대해서 반드시 알아봐야 할 문제들이 더 있을까요?

**2** 제인은 시카고 경찰 청장이 되고 싶습니다. 제인은 시장과 면담을 하는 자리에서 자신이 경찰 청장으로 있던 다른 도시의 경우 지난 5년 동안 살해된 사람이 32명밖에 되지 않는다고 말했습니다. 덧붙여서 시카고에서 범죄로 죽는 사람의 수가 매년 수백 명에 이른다는 사실을 생각해 보면 자신의 경험이 시카고의 범죄 사망률을 낮추는 데 틀림없이 도움이 될 거라고 했습니다. 여러분이 시장이라면 자신이 시카고의 범죄 사망률을 분명히 낮출 수 있다고 확신하는 제인에게 어떤 질문을 할 것 같나요? 한번 말해 보세요.

⊙ **3~5** 다음 문제를 풀기 위한 보기입니다.

아이오와 주 두부크 시 사람들은 유선 방송 수신료가 인상된다는 소식을 들었습니다. 그런데 2003년도에는 그 어느 때보다 수신료가 많이 인상되었기 때문에 두부크 시 사람들은 잔뜩 화가 났습니다. 그러자 시의회의 의원들이 수신료 인상에 대한 자료를 제출하라고 요구했습니다.

**유선 방송 기본 수신료**

2000년 ------------------ 31,550원
2001년 ------------------ 33,130원
2002년 ------------------ 36,950원
2003년 ------------------ 41,950원

**3** 여러분이 유선 방송국 직원이라고 생각하고 인상된 금액이 많지 않은 것처럼 보이는 막대그래프를 그려 봅시다.

**4** 여러분은 소비자 모임의 회원입니다. 아주 많은 금액이 인상된 것처럼 보이는 막대그래프를 그려 봅시다.

**5** 여러분은 신문사 기자입니다. 객관적인 막대그래프를 그려 봅시다.

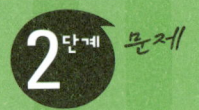

○●○통계에 속지 맙시다!

**1** 현이는 2008년 1년 동안 5천만 원의 연봉을 받았습니다. 그런데 회사 사정이 나빠져서 2009년에는 연봉의 50%만 받을 수 있었습니다. 2010년이 되자 회사는 2009년에 연봉의 50%를 깎았으니 2010년에는 현재 받고 있는 연봉의 50%를 올려 준다고 했습니다. 현이가 2010년에 받을 돈은 2008년에 받은 돈과 같을까요? 여러분의 생각을 말해 보고 그 이유도 함께 말해 보세요.

**2** 교육 위원회 위원들이 학생들의 학업 성취도 그래프를 받았습니다. 이 그래프는 그다지 믿을 만하지 못합니다. 그 이유를 말해 보세요.

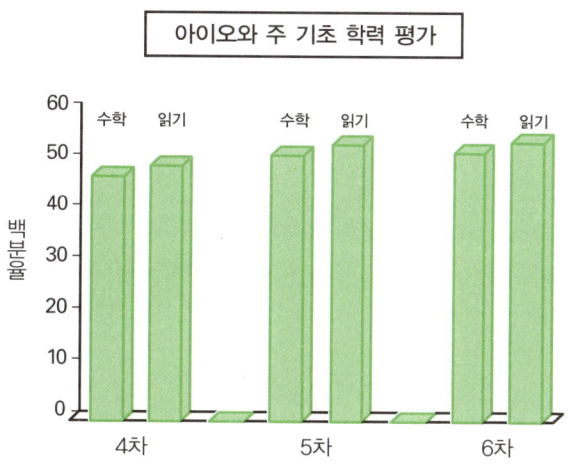

**3** 2번에 나온 학업 성취도 그래프를 좀 더 믿을 수 있는 공정한 그래프로 그려 보세요.

**4** 그래프를 보고 답해 봅시다. 민수의 월급은 정수의 월급보다 엄청나게 많다고 할 수 있을까요?

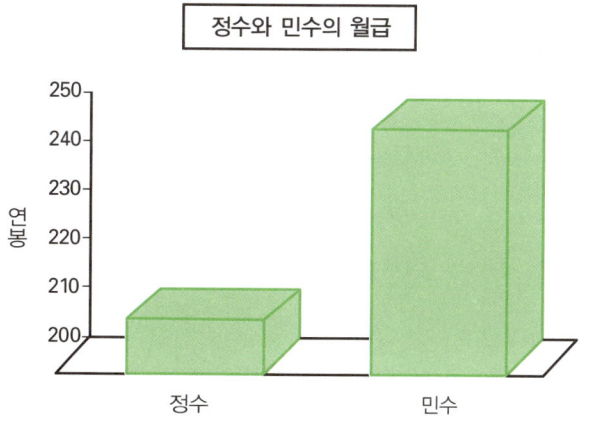

**5** 종수는 2008년 자신이 좋아하는 도시로 놀러 갔을 때 자신의 즐거운 마음이 그 도시에 영향을 미쳐 그곳의 범죄율이 크게 낮아졌다고 주장했습니다. 종수는 2007년에는 강도 사건이 92건이었는데 자신이 찾아간 2008년에는 불과 80건밖에 없었다는 사실을 증거로 들었습니다. 더구나 종수는 2007년에는 폭력 사건이 10건이었던 것이 2008년에는 6건밖에 되지 않았다는 경찰의 주장도 예로 들었습니다. 종수가 주장하는 내용은 사람을 속이는 통계의 어떤 면일까요?

아인슈타인 단계 문제                    ○●○ 통계에 속지 맙시다!

⊙ **1~3** 다음 문제를 풀기 위한 보기입니다.

> 영주는 인터넷 회사의 사장입니다. 그렇기 때문에 매년 회사가 얼마를 벌었는지를 보고해야 합니다. 영주가 사장이 되기 전해인 2008년에 회사가 번 돈은 2,500만 원이었습니다. 영주가 사장이 된 올해에는 5,000만 원을 벌었습니다.

**1** 영주는 원을 그려 회사가 벌어들인 돈을 나타내기로 했습니다. 아주 공평한 그래프를 그리고 싶었던 영주는 2008년도 회사 수입을 반지름이 1cm인 원으로 그렸습니다. 그리고 2009년도 수입은 그 2배였기 때문에 반지름이 2cm인 원으로 그렸습니다. 영주가 그린 그래프는 2008년도와 2009년도에 변화한 회사 수입을 제대로 표현한 것일까요? 여러분의 생각을 말해 보고 그 이유도 말해 보세요.

**2** 영주는 회사 수입이 증가했다는 사실을 삼각형 그래프로도 보여 주고 싶었습니다. 수입이 2배 증가했기 때문에 한 삼각형은 밑변이 1cm, 높이가 1cm로 그리고 다른 삼각형은 밑변이 2cm, 높이가 2cm가 되게 그렸습니다. 영주가 그린 그래프는 사실을 공평하게 알려 주고 있는 그래프인가요? 여러분의 생각을 말해 보고 그 이유도 말해 보세요.

**3** 영주는 새로 장만한 컴퓨터 프로그램을 이용해 이번에는 구로 그래프를 그려 보기로 했습니다. 그래서 2008년도 회사 수입을 나타내는 구는 반지름을 2cm로 그리고 2009년도는 그보다 2배 더 많은 수입을 벌어들였기 때문에 반지름을 4cm로 그렸습니다. 영주가 그린 그래프는 사실을 공평하게 알려 주고 있는 그래프인가요? 여러분의 생각을 말해 보고 그 이유도 말해 보세요.

**4** 마을에 있는 조그만 식료품 가게가 자기네 가게가 10km 떨어진 거리에 있는 대형 할인점보다 싸다는 사실을 보여 주기 위해 다음과 같은 게시물을 붙였습니다. 이런 게시물이 조그만 식료품 가게가 대형 할인점보다 싸다는 사실을 보여 주는 분명한 증거가 될까요?

|  | 식료품 가게 | 대형 할인점 |
|---|---|---|
| 우유 | 1,750원/1리터 | 2,000원/1리터 |
| 치즈 | 200원/100g | 300원/100g |
| 바나나 | 290원/100g | 490원/100g |
| 사과 | 220원/1개 | 300원/1개 |

**5** 세희는 전국 기초 학력 평가에서 상위 90%를 기록했습니다. 세희의 오빠는 상위 45%를 기록했기 때문에 세희는 자신이 오빠보다 더 영리하다고 말했습니다. 세희의 생각이 옳다고는 할 수 없습니다. 그 이유를 말해 봅시다.

# 8장
## 원인과 상관관계의 차이를 알고 있어야 합니다

원인과 상관관계의 차이를 모르면 의학과 교육을 포함한 일상생활을 해 나가는 데 필요한 많은 영역에서 어떤 것이 거짓이고 어떤 것이 참인지를 구별할 수 없습니다.

**8장** 원인과 상관관계의 차이를 알고 있어야 합니다

수많은 사람들이 침대에서 죽는다는 사실을 알아냈기 때문에 이제부터 나는 소파에서 자기로 했어. 내 연구 결과는 침대에서 자는 건 아주 위험하다는 사실을 보여 준다고!

물론 이 연구원은 연구 자료를 보고 아주 어처구니없는 결론을 내린 거야. 사람들이 죽을 때 침대에 있는 경우가 아주 많다는 사실만 가지고 침대가 매우 위험한 곳이라는 결론을 내린 거지. 이 연구원처럼 상관관계를 원인이라고 생각하는 사람이 무척 많아. 이 이야기에서는 연구원의 생각이 잘못되었다는 것을 분명히 알 수 있지만 실제로는 상관관계와 원인이 분명하게 구별되지 않는 경우가 아주 많아.

진짜 어처구니없군!

**65** >>

## 벤덱틴 악몽

1956년 미국 식품 의약청은 임신한 여성의 입덧 치료에 벤덱틴을 사용해도 된다고 허가해 주었습니다. 그 뒤 20년이 넘는 시간 동안 벤덱틴은 수백만 명이 넘는 임신한 여성들의 입덧을 막아 주는 역할을 했습니다.

그런데 1979년 말이 되자 벤덱틴을 복용하는 여성들에게 깜짝 놀랄 소식이 전해졌습니다. 『내셔널 인콰이어러』라는 잡지에서 임신 중에 벤덱틴을 먹은 수천 명의 여성들이 장애를 가진 아기를 낳았다는 무시무시한 이야기를 발표한 것입니다.

벤덱틴을 만든 머렐 사는 장애를 갖고 태어난 아기와 벤덱틴 사이에는 아무런 관계가 없음을 보여 주는 연구 결과가 나왔다며 임산부들을 안심시키려고 노력했습니다. 하지만 머렐 사의 노력은 아무런 효과를 거두지 못했고 벤덱틴을 먹은 여성들의 분노와 걱정은 시간이 갈수록 커져만 갔습니다. 자신의 아이가 벤덱틴 때문에 장애를 갖게 되었다고 사람들 앞에서 이야기하는 부모가 계속해서 늘어났습니다.

입덧이 그저 불편한 정도로 끝나지 않는 여성들도 있어. 입덧이 아주 심하면 임산부는 물론이고 태아의 건강도 크게 문제가 되기도 하지.

아주 드문 경우이기는 하지만 입덧 때문에 죽은 여성도 있어. 『제인 에어』를 쓴 작가 샬럿 브론테는 1855년에 입덧 등이 원인이 되어 사망했지.

**8장** 원인과 상관관계의 차이를 알고 있어야 합니다

벤덱틴의 안정성을 걱정하는 사람이 너무나도 많아지자 정말로 위험한 약인지를 밝혀내는 일이 아주 중요하게 되었어. 하지만 안타깝게도 『내셔널 인콰이어러』의 이야기는 임신한 여성들이 먹고 장애아를 낳은 탈리도마이드라는 진정제 사건을 생각나게 했어. 그래서 사람들이 벤덱틴에 대해 과학이 아니라 감정에 근거한 판단을 할 가능성이 많았지.

머지않아 변호사들은 벤덱틴을 먹은 여성들이 신청한 소송 건을 처리하느라 정말 바빠졌습니다. 미국 전역에 걸쳐 장애를 가지고 태어난 아이들이 배심원들의 마음을 무척이나 아프게 했기 때문에 객관적으로 판단한다는 것이 거의 불가능했습니다. 여러 재판이 진행되는 동안 장애의 책임이 벤덱틴에 있다고 생각한 배심원도 있었고 그렇지 않다고 생각한 배심원도 있었습니다.

1984년 6월, 오하이오 주 신시내티 시에서 1,000명의 고소인이 진행하는 대규모 재판이 열렸습니다. 사람들은 이 재판이 벤덱틴의 진실을 밝혀 줄 마지막 재판이 되기를 바랐습니다. 재판이 시작되기를 기다리는 동안 머렐 사는, 아이들의 장애가 벤덱틴 때문이라는 분명한 증거가 없고 이전 재판에서 계속해서 회사가 이겼지만 고소인들에게 그냥 1억 2천만 원을 주고 재판을 하지 말자는 합의를 하자고 했습니다.

머렐 사는 벤덱틴 때문에 장애가 생긴 것이 아니라고 강력하게 주장하고 있었지만 재판이 길어지고 배심원들이 수백 명이 넘는 장애 아이들을 보게 되면 어떤 결과가 나올지 걱정되었기 때문에 그런 제안을 한 거야.

　하지만 고소인들과 변호사들은 1억 2천만 원은 충분한 보상금이 아니라고 생각했습니다. 그래서 할 수 없이 재판을 하게 되었습니다. 그런데 재판이 시작되기 전 담당 판사가 고소인 측 변호사를 깜짝 놀라게 만든 기본 규칙을 발표했습니다. 담당 판사는 벤덱틴이 정말로 장애를 일으키는 원인인지를 알아보는 일에 재판의 초점을 맞춰야 하고 감정이 아닌 과학 증거에 기반을 둔 결정을 내려야 한다고 했습니다. 그러기 위해서 재판은 세 단계에 걸쳐 진행되어야 한다고 말입니다. 첫 번째 단계는 벤덱틴이 정말로 장애를 일으키는 원인인지를 알아보는 단계입니다. 정말로 벤덱틴 때문에 아이들에게 문제가 생겼다는 사실이 밝혀져야만 두 번째 단계를 진행할 수 있다고 했습니다. 벤덱틴이 장애를 일으키는 원인이 분명하다고 밝혀지면 그 다음으로 해야 할 일은 어떤 아이가 벤덱틴 때문에 장애를 일으킨 아이인지를 찾아내는 것이고 세 번째로 해야 할 일은 그 아이들에게 어떤 보상을 해 줄 것인가를 결정하는 것이라고 했습니다.

　첫 번째 단계를 공정하게 진행하기 위해 탈리도마이드(복용하면 기형아를 낳을 수 있는 부작용이 있는 진정제)라는 단어는 말하지 못하게 했고 또한 장애가 있는 아이들도 법정에 나오지 못하게 했습니다.

**8장** 원인과 상관관계의 차이를 알고 있어야 합니다

이 법정에서는 벤덱틴이 정말로 장애를 일으키는 원인인지를 과학에 근거해 판단하겠습니다. 배심원들은 감정에 치우쳐 판단하는 법이 없었으면 합니다. 이 법정은 벤덱틴을 조사하는 자리이지 탈리도마이드를 평가하는 곳이 아닙니다. 그러니 탈리도마이드에 대한 말은 한 마디도 하지 마세요. 또한 눈에 띄는 장애가 있는 아이는 동정심을 불러일으킬 수 있으니 재판의 첫 번째 단계가 진행되는 동안에는 법정에 올 수 없습니다.

5시간이나 되는 긴 시간 동안 재판을 진행한 배심원들은 벤덱틴이 장애의 원인이 아니라는 결론을 내렸어. 감정이 아니라 과학을 이용해 사실을 판단한 거지.

판결이 나왔지만 모두 배심원단의 판결을 받아들인 것은 아니었습니다. 그러나 신시내티 시의 재판이 벤덱틴 소송을 끝내지는 못했지만 앞으로 있을 소송에 커다란 영향을 준 것은 사실입니다.

그런데 이해할 수 없는 점이 있어. 벤덱틴을 먹은 여성이 1,000명이나 장애를 가진 아이를 낳았는데 벤덱틴이 원인이 아니라고 하다니, 왜 그런 거지?

자네도 많은 사람들이 하게 되는 판단의 오류에 빠진 것 같군. 해마다 어떤 장애가 되었건 간에 10만 명의 아이들이 장애를 안고 태어나지. 벤덱틴을 먹은 여성이 3천만 명이 넘는다는 사실을 생각해 보면 벤덱틴이 전혀 해가 없는 약이라 해도 벤덱틴을 먹은 여성 중 수천 명 정도는 장애를 가진 아이를 낳는 게 당연하다고.

임신 기간 동안 귀리를 먹은 여성 중에서도 장애아를 낳은 여성을 1,000명은 거뜬히 찾아낼 수 있어. 그렇다고 해서 귀리가 장애의 원인이라고 말할 수 있을까? 물론 그럴 수 없지! 원인과 상관관계를 혼동하지 않는 건 정말 중요해.

8장 원인과 상관관계의 차이를 알고 있어야 합니다

정말로 안타까운 점은 제약 회사들이 이 일 때문에 임신한 여성들의 입덧을 치료해 줄지도 모르는 약품을 연구하거나 판매할 수 없게 되었다는 점입니다. 머렐 사도 더 이상 벤덱틴을 판매하지 않습니다. 벤덱틴이 위험하기 때문이 아니라 문제가 없다는 사실을 증명하는 데 너무나 많은 돈이 들었기 때문입니다. 정말로 어처구니없는 사실은 입덧으로 인한 구역질을 치료하지 않으면 산모나 태아 모두에게 문제가 생길 수 있다는 점입니다.

### 생각해 봅시다!

**1** 벤덱틴이 갓난아이들의 장애를 일으키는 원인이 아니라 해도 재판을 진행하는 동안 제약 회사는 많은 돈을 써야 합니다. 배심원들이 그런 사실을 안타깝게 여겨 피고인들에게 약간의 돈을 배상하게 하는 것이 옳을까요? 여러분의 의견을 말해 보세요.

**2** 오하이오 주에서 열린 재판에서 판사는 눈에 띄는 장애가 있는 아이들은 법정에 오지 못하게 했습니다. 왜 그랬을까요? 그 이유를 말해 봅시다.

**3** 눈에 띄는 장애를 가진 아이들을 법정에 오지 못하게 한 것은 윤리적으로 옳은 일일까요? 여러분의 생각을 말해 보세요.

## 교사-학부모 회의

선생님들이 아주 오래전부터 알고 있었던 사실이 최근 연구 결과로 발표되었습니다. 교사-학부모 회의에 참석하는 부모님들의 자녀들이 학교생활을 더 잘한다는 내용이었습니다. 이 연구를 진행한 이유는 학교 교육 과정에 적극적으로 참여하는 학부모의 자녀들이 훨씬 공부를 잘한다는 당연한 사실을 확인하기 위해서입니다.

> 이런 종류의 연구를 나는 뻔한 연구라고 부른다고. 누구나 알고 있는 대답을 확인하기 위해 연구비를 쓰다니, 도무지 이해를 못하겠어.

> 때로는 말이야 누구나 알고 있는 사실도 그저 분명하게 확인하기 위해 연구를 해야 할 때도 있어. 게다가 이런 연구를 통해 교사-학부모 회의에 참가하는 일이 아이들의 공부에 크게 도움이 되는지, 그저 조금 도움이 될 뿐인지 등도 알아낼 수 있지.

연구 결과가 발표되자 몇몇 학교에서 이 정보를 활용해 학생들의 학업 성취도를 높여야겠다고 생각했습니다. 그래서 연구 결과에 어떤 의미가 있는지 알아보기 위해 토론을 시작했습니다.

**8장** 원인과 상관관계의 차이를 알고 있어야 합니다

교사-학부모 회의에 참석하는 부모님들에게 돈을 주면 아이들의 학업 성취도가 올라갈 거라는 생각은 흔히 저지르는 잘못입니다. 회의에 참석한 부모님들에게 돈을 주겠다는 생각을 잘못이라고 하는 게 아닙니다.(아니, 어쩌면 그것도 잘못된 생각 같군요.) 학교에서 잘못 생각하고 있는 것은 원인과 상관관계를 혼동했다는 점입니다.

학교는 학부모들이 교사-학부모 회의에 참석했다는 사실이 학생들의 학업 성취도를 높인 원인이라고 생각했지. 하지만 그건 틀린 생각일지도 몰라.

우리가 반드시 생각해 봐야 하는 건 회의에 참석하는 것만으로도 학생들에게 도움이 되는 건지, 아니면 회의에 참석했다는 사실이 그 학생들의 부모님이 교육을 중요하게 생각한다는 신호인지를 알아보는 것이지.

교사-학부모 회의에 참석하는 부모님들에게는 무언가 특별한 것이 있습니다. 따라서 회의에 참석하는 부모님에게 돈을 주겠다는 학교의 생각은 학생들의 학업 성취도를 높이는 데 그다지 도움이 될 것 같지 않습니다. 자발적으로 교사-학부모 회의에 참석하는 부모님들은 자녀의 교육에 관심이 아주 많아서 자녀들의 학습 과정에 대해 진지하게 토론합니다. 그런 부모님들은 아이들의 교육을 정말 중요하게 생각합니다. 그러나 학부모 회의에 참석하지 않거나 돈을 받아야만 나오는 부모님이라면 집에서도 아이들의 교육에 대해서는 그다지 신경 쓰지 않을 가능성이 큽니다.

돈을 준다고 해서 아이들의 교육을 중요하게 생각할 것 같진 않아!

## 생각해 봅시다!

**1** "교사-학부모 회의에 참석하는 부모님의 자녀들이 학업 성적이 더 좋다고 합니다. 그러니 교사-학부모 회의에 모든 부모님들을 참석하게 하면 학생들의 학업 성취도가 높아질 겁니다." 이 말이 원인과 상관관계를 혼동했다고 하는 이유를 설명해 보세요.

**2** 어떤 학교에서 공부를 잘하는 아이들의 가방을 조사해 보니 모두 비싼 가방이라는 조사 결과가 나왔습니다. 그렇다면 비싼 가방이 있으면 공부를 잘하게 된다고 생각해도 되는 걸까요? 비싼 가방을 가지고 다니는 아이들이 공부를 더 잘할지도 모른다고 생각하는 이유를 설명해 보세요.

**3** 수연이는 농구를 잘하는 사람들은 키가 크다는 사실을 깨달았습니다. 그래서 '농구를 하는 사람은 농구를 하지 않는 사람들보다 더 많이 자란다.'는 결론을 내렸습니다. 수연이가 내린 결론은 어째서 잘못된 것일까요? 수연이는 원인과 상관관계를 어떻게 혼동한 것일까요?

# 버뮤다 삼각 지대

버뮤다 삼각 지대에 관한 전설은 배나 비행기가 지나다니기 힘든 위험한 대서양 지역이 삼각형 모양을 하고 있기 때문에 생겨났습니다. 버뮤다 삼각 지대에서 수많은 비행기와 배가 가라앉거나 사라졌다는 소식이 들려오자 사람들은 버뮤다 삼각 지대에는 뭔가 신기한 힘이 있다고 믿게 되었습니다.

버뮤다 삼각 지대에서 신기한 사건이 계속해서 일어나는 이유에 대해 외계인 때문이라고 하는 사람도 있고 강한 자기장 때문이라고 하는 사람도 있고 중력을 거스르는 반중력장 때문이라고 설명하는 사람도 있습니다. 보다 이성적인 사람들은 버뮤다 삼각 지대에서 이상한 일이 벌어지는 이유는 허리케인이나 해적, 폭풍, 혹은 사람의 잘못 때문이라고 설명합니다.

버뮤다 삼각 지대가 위험하다고 생각하는 사람들은 조난 사고가 나거나 갑자기 사라져 버리는 이유에 대해서는 이성적인 사람들의 의견을 받아들이지만, 유독 그 지역에서 수많은 문제가 생기는 데는 뭔가 이상한 이유가 있을 거라고 말하기도 합니다.

대서양에 있는 또 다른 삼각 지대들도 살펴봤는데 말이야. 버뮤다 삼각 지대처럼 비행기나 배가 자주 난파되거나 사라진 곳은 없었어. 그런데도 버뮤다 삼각 지대가 이상하게 위험한 곳이라는 생각이 들지 않는단 말이야?

이봐, 자네는 원인과 상관관계를 혼동하고 있는 거야. 버뮤다 삼각 지대에는 정말 많은 배와 비행기가 지나다닌다고. 그러니 배나 비행기의 사고가 잦은 게 당연한 거 아닐까? 게다가 그곳 기후는 엄청나게 나쁘다고 알려져 있잖아.

가장 사고가 많이 나는 곳은 자기 집이라는 말도 몰라? 그 말이 곧 가장 안전한 장소는 친구네 집이라는 말은 아니잖아.

물론 아니지. 집에서 사고가 가장 많이 나는 이유는 집에 있는 시간이 가장 많기 때문이야.

**8장** 원인과 상관관계의 차이를 알고 있어야 합니다

　　버뮤다 삼각 지대의 전설은 미국 해군이 미국 동부 해안에서 훈련을 하다가 비극적인 사고를 당한 직후에 나왔습니다. 당시 찰스 테일러 대위가 이끄는 비행기와 그 뒤를 따라가던 4대의 훈련기가 무서운 폭풍우를 만나 사라져 버렸습니다. 비행기 5대 가운데 1대도 돌아오지 못한 이유에 대해서는 여러 가지 설명이 뒤따랐지만 그렇다고 굳이 신비한 힘 때문에 그런 일이 생겼다고 생각할 필요는 없습니다.

　　훈련기들은 혼자서 기지로 돌아올 능력이 없었을 겁니다. 따라서 비행기를 이끌던 테일러 대위의 나침판에 문제가 생겼다면 5대의 비행기는 길을 잃고 헤매다가 끝내 기지로 돌아오지 못하고 연료가 떨어져 바다에 추락했을 가능성이 큽니다.

> 그러니까 자네는 이런 단순한 설명이 반중력 회오리바람에 휩쓸려 비행기가 사라져 버렸다는 이야기보다 훨씬 그럴듯하다는 말이군!

> 물론이지! 그렇다고 해서 반중력 회오리바람이나 다른 신비한 힘이 비행기 5대를 바다에 빠뜨린 원인일 가능성이 전혀 없다는 말은 아니야. 하지만 그저 오래 전부터 있었던 평범한 중력이 원인일 거 같다는 생각이 들어.

> 반중력 회오리바람이라는 말은 사실 내가 만들어 낸 말이야. 그게 무슨 뜻인지도 모른다고. 하지만 그렇게 말하니까 왠지 신기한 과학 용어 같지! 그런 용어를 써 줘야 더 많은 사람들이 내 가설을 믿어 주고 내가 똑똑하다고 생각할 거 아니야!

> ### 생각해 봅시다!
>
> **1** 어떤 사람이 보스턴, 뉴욕, 필라델피아를 잇는 삼각 지대를 자세히 살펴보고 난 뒤 자동차 사고가 수천 건이 넘게 있었다는 사실을 알게 되었습니다. 그래서 이 세 지역을 연결하는 삼각 지대를 북동부 삼각 지대라고 부르고 원인을 알 수 없는 죽음이 찾아오는 곳이라는 소문을 퍼트렸습니다. 북동부 삼각 지대에 관한 이런 믿음은 원인과 상관관계를 혼동한 결과라고 할 수 있습니다. 왜 그런지 이유를 설명해 보세요.
>
> **2** 대서양에는 버뮤다 삼각 지대보다 조금 크거나 훨씬 큰 삼각 지대가 많습니다. 그러나 모두 버뮤다 삼각 지대보다는 배가 난파되는 횟수가 적습니다. 그렇다면 다른 삼각 지대가 버뮤다 삼각 지대보다 안전한 여행길이라고 생각해도 되는 걸까요?
>
> **3** 어떤 작가가 자신의 책에서 지난 100년 동안 버뮤다 삼각 지대에서 사라진 배는 50척, 비행기는 20대라고 했습니다. 이 작가는 이 같은 사실이 버뮤다 삼각 지대에 신비한 힘이 흐르고 있음을 보여 준다고 했습니다. 작가의 생각이 틀렸다고 할 수 있는 이유를 말해 보세요.

## 음악과 학업 성취도

음악을 배우면 지능 발달에 도움이 될지도 모른다는 몇몇 연구 결과들이 있습니다. 최근 아이들을 세 집단으로 나누어 실험을 해 보았습니다. 첫 번째 집단의 아이들에게는 피아노와 노래를 가르쳤고 두 번째 집단의 아이들에게는 컴퓨터를 가르쳤고 세 번째 집단의 아이들에게는 아무것도 가르치지 않았습니다.

8장 원인과 상관관계의 차이를 알고 있어야 합니다

실험 결과는 아주 흥미로웠어. 공간 지각력 측정 시험에서 피아노와 노래를 배운 아이들이 그렇지 않은 아이들보다 34점이나 높았어. 그 이유는 음악 공부와 지능 사이에는 상관관계가 있기 때문이야. 음악에는 관계와 비율이라는 수학적 요소가 있거든.

그렇기 때문에 피아노와 노래를 배운 아이들이 미로 찾기, 똑같은 모양으로 블록 쌓기, 퍼즐 맞추기 등을 더 잘했어.

　음악 공부와 지능이 서로 상관관계에 있다는 사실은 음악을 배운 학생들이 그렇지 않은 학생들보다 대학 진학 적성 시험에서 훨씬 높은 점수를 받았다는 사실로도 확인할 수 있습니다.

> 얼핏 생각하면 시험 점수가 높게 나왔으므로 음악 공부가 공부를 잘하게 해 주는 원인이라고 생각하기 쉽지만 원인과 상관관계를 혼동하면 안 돼!

이런 경우에는 아이들에게 음악을 가르치는 가정에는 뭔가 특별한 것이 없는지를 반드시 살펴봐야 합니다. 음악 공부를 하려면 상당한 시간과 돈을 투자해야 합니다. 그런 시간과 돈을 투자할 수 있는 가족이라면 분명 특별한 무엇인가가 있는 겁니다.

> 정말로 음악 공부 때문에 공부를 잘하게 된 걸지도 몰라. 그럴 가능성이 전혀 없다고는 생각하지 않아. 하지만 음악을 배운 학생이 시험 성적이 더 좋게 나왔다는 이유 하나만 가지고는 음악이 공부를 잘하게 해 주는 원인이라고 단정해선 안 돼.

> 언젠가 학생들에게 골프를 가르친 적이 있었지. 그런데 비싼 새 차를 타고 오는 학생들이 낡은 차를 타고 오는 학생들보다 골프를 훨씬 잘 치는 걸 알았어. 그러니까 골프를 잘 치고 싶다면 비싼 새 차를 사라고!

> **8장** 원인과 상관관계의 차이를 알고 있어야 합니다

### 생각해 봅시다!

**1** 아인슈타인은 음악에 관계와 비율이라는 수학적인 요소가 있다고 했습니다. 이 말은 무슨 뜻일까요?

**2** 앞에 나오는 생쥐는 골프와 비싼 새 차 사이의 원인과 상관관계를 어떤 식으로 혼동한 걸까요? 한번 이야기해 보세요.

**3** 음악을 배우면 수학을 잘하게 될까요? 여러분의 생각을 말해 보세요.

## 원인과 상관관계를 바꾸려 한 담배 회사들

1900년대 내내 담배 회사들은 담배의 위험을 제대로 알리지 않고 거짓말을 했습니다. 20세기 중반이 되어 폐암 환자의 거의 90%가 담배를 피우는 사람이라는 사실이 알려지자 사람들은 담배 회사도 이제는 담배가 폐암의 원인이라는 사실을 인정할 거라고 생각했습니다. 하지만 담배 회사는 그런 사실을 인정하지 않았습니다. 담배 회사들은 폐암과 흡연이 관계가 있다고 해서 담배가 폐암의 원인이라는 뜻은 아니라고 주장했습니다.

앞에 나온 만화를 생각해 보라고. 사람들이 가장 많이 죽은 곳이라고 해서 침대가 죽음의 원인은 아니잖아. 담배와 폐암의 관계도 그런 거라니까! 폐암에 걸릴 가능성이 많은 사람들이 담배를 피운 거라고!

와, 정말 눈 하나 깜짝 안 하고 그런 말을 잘도 하다니! 진짜 연기력 하나는 타고났구나! 아, 그런데 사실 담배 회사들은 거짓말을 한 게 아니라 살짝 발뺌한 것뿐이야. 거짓말을 했다고 말하면 왠지 내가 무례한 생쥐 같잖아!

담배가 폐암의 원인인지를 알아보기 위해 과학자들이 몇 가지 질문을 해 봤어.

1) 담배와 폐암 사이에 상관관계가 있는가?
2) 흡연 양을 늘리면 폐암에 걸릴 확률도 높아지는가?
3) 다른 나라, 다른 민족의 경우에도 폐암과 흡연이 상관관계를 나타내는가?
4) 수입이 다른 사람들에게서도 비슷한 결과가 나타나는가?
5) 동물 실험의 결과도 마찬가지인가?
6) 생물학적으로 흡연이 폐암의 원인이 될 가능성이 있는가?

**8장** 원인과 상관관계의 차이를 알고 있어야 합니다

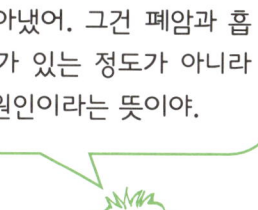

과학자들은 모든 질문의 답이 '그렇다'라는 사실을 알아냈어. 그건 폐암과 흡연이 그저 관계가 있는 정도가 아니라 흡연이 폐암의 원인이라는 뜻이야.

나도 생각을 바꿔야겠다. 이제부터 나는 담배 회사가 거짓말을 하는 거라고 말하겠어.

에이, 그냥 발뺌하는 거라고 하는 게 더 좋았는데. 그래야 생쥐가 내 도덕성을 비웃는 거라는 걸 사람들이 모를 거 아냐.

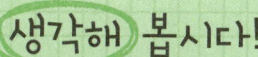

### 생각해 봅시다!

**1** 담배 회사는 청소년들에게 담배를 피우면 안 된다는 소책자를 만들어 학생들에게 나누어 주었으므로, 자신들은 학생들이 담배를 피우지 못하게 노력했다고 말했습니다. 담배 회사에서 나누어 준 소책자에는 다음과 같이 적혀 있었습니다. "흡연은 운전처럼 어른들이 하는 일입니다. 담배를 피우려는 학생은 어른이 되기 전까지 기다려야 합니다." 이런 소책자가 효과가 있을까요? 여러분의 생각을 말해 보세요.

**2** '발뺌을 하다'라는 말이 무슨 뜻일까요? 이야기해 보세요.

**3** 담배 회사는 흡연과 폐암의 관계는 그저 상관관계일 뿐이라고 주장해 왔습니다. 어째서 담배 회사는 이런 주장을 한 걸까요? 그 이유를 생각해 봅시다.

## 1단계 문제 ○●○ 원인과 상관관계의 차이를 알고 있어야 합니다

**1** 5세인 수영이는 해가 뜨기 직전에 수탉이 운다는 사실을 알았습니다. 그래서 수영이는 해가 매일 아침 뜨는 이유는 수탉이 울기 때문이라고 생각했습니다. 수영이의 생각은 원인과 상관관계를 어떻게 잘못 생각한 것일까요?

**2** 언덕 때문에 어려움을 겪는 도시가 있었습니다. 비가 올 때마다 언덕에서 진흙과 작은 바위가 사람들이 살고 있는 들판으로 굴러 내렸기 때문입니다. 그런데 어느 날 한 발명가가 진흙과 작은 바위가 굴러 내려오지 못하게 해 주는 인공 풀을 만들 방법을 알고 있다고 했습니다. 그 말을 들은 도시 사람들은 언덕의 한 곳을 택해 발명가의 인공 풀을 시험해 보기로 했습니다. 2달 후 인공 풀을 심은 언덕 밑으로는 진흙도 작은 바위도 전혀 굴러 내리지 않았습니다. 그러자 발명가는 자신의 인공 풀이 시험에 통과했다고 선언했습니다. 진흙과 작은 바위가 굴러 내려오지 않은 것이 바로 그 증거라고 말입니다. 그렇다면 다음 세 가지 경우 중 발명가의 주장이 성급한 판단이었다고 결론 내릴 수 있는 경우는 어떤 경우일까요?

    a) 인공 풀을 심은 곳 밑에 사는 사람들이 자신들이 사는 곳으로 진흙이 얼마가 떨어지건 크게 상관하지 않는 경우
    b) 시험 기간인 두 달 동안 비가 전혀 내리지 않은 경우
    c) 발명가가 사람들이 믿지 못할 이야기를 자주 하는 경우

**3** 난폭한 행동으로 감옥에 들어간 사람 300명을 조사해 본 과학자가 300명 모두에게서 예전에 뇌를 다쳤던 흔적을 찾아냈습니다. 그래서 이 과학자는 뇌를 다치면 난폭한 행동을 하게 된다고 발표했습니다. 이 과학자가 그런 발표를 하기 전에 먼저 생각해 봐야 할 내용은 다음 중 어떤 것일까요?

　　a) 난폭한 행동으로 감옥에 들어간 또 다른 1,000명의 뇌를 조사해 예전에 다친 흔적이 있는지 알아본다.
　　b) 조사를 진행한 사람들이 정말로 난폭한 행동을 한 사람들인지 알아본다.
　　c) 난폭한 행동을 하지 않는 사람들의 뇌에도 예전에 다친 흔적이 있는지를 알아본다.

**4** "심각한 교통사고는 집에서 반경 50km 이내에서 대부분 일어납니다. 따라서 여행을 갈 때는 집에서 50km가 넘는 곳으로 가는 게 안전합니다."
이 말은 논리적으로 옳지 않습니다. 왜 그런지 이유를 설명해 보세요.

**5** 다음 명제는 참일까요, 거짓일까요?

　　"A는 모두 B입니다. 따라서 B도 모두 A입니다."

미래의 과학자와 수학자가 알아야 할 10가지 • 2

 ○●○ 원인과 상관관계의 차이를 알고 있어야 합니다

**1** 음식이 암 발생률에 영향을 미치는지를 알아보기 위해서 두 나라의 암 발생률을 조사해 보았습니다. 가난한 A 국가 사람들은 주로 곡물을 먹고 가끔 야채를 먹었습니다. 잘사는 B 국가 사람들은 주로 고기와 유제품을 먹었습니다.

A 국가에서는 암에 걸린 사람들을 거의 찾아볼 수 없었지만 B 국가는 사망자 5명 가운데 1명이 암으로 죽었습니다. 이 같은 결과를 놓고 볼 때 A 국가 사람들은 암을 예방하는 음식을 먹고, B 국가 사람들은 암을 일으키는 음식을 먹는다는 결론을 내려도 좋을까요? A 국가 사람들의 암 발생률이 낮은 까닭을 생각해 봅시다.

**2** 지훈이는 마을에서 가장 안전한 장소가 어디인지 알고 싶었습니다. 그래서 사람들이 죽은 곳을 점으로 표시해 봤습니다. 그러자 자신이 1년 동안 사람이 100명도 넘게 죽은 지역에 살고 있다는 사실을 알아냈습니다. 이제 여러분은 지도를 보고 무엇 때문에 지훈이가 사는 곳에서 그토록 많은 사람들이 죽었는지를 설명해 주어야 합니다. 지훈이의 마음을 편하게 해 주려면 어떻게 설명해 주어야 할까요?

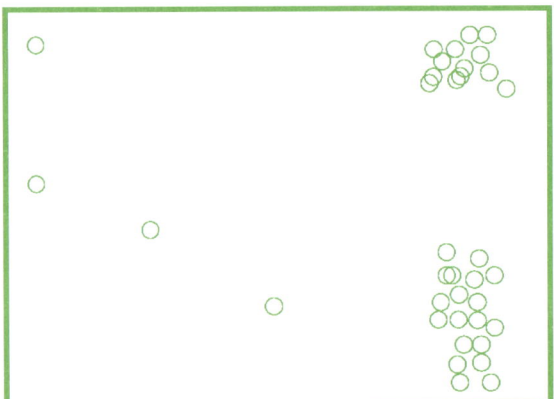

**3** 플로리다와 애리조나가 다른 지역보다 사망한 사람의 수가 월등히 많다고 해서 두 지역에 사는 사람들이 죽을 가능성이 높은 지역에 살고 있다는 뜻은 아닙니다. 플로리다와 애리조나에 대해 알아보고 두 지역에 사는 사람들이 다른 지역보다 많이 죽는 이유를 합리적으로 설명해 보세요.

**4** 슬로언 자전거 회사는 자신들이 만드는 자전거가 케터 자전거 회사가 만드는 자전거보다 훨씬 안전하다는 광고를 했습니다. 광고에 실린 글이 틀리지 않다고 했을 때 정말로 슬로언 자전거 회사의 자전거가 케터 자전거 회사의 자전거보다 안전할까요? 여러분의 생각을 말해 보세요.

"작년에 슬로언 자전거를 구입한 사람들 중에 죽은 사람은 11명에 불과하지만 케터 자전거를 구입한 사람은 268명이 죽었습니다. 또한 1950년부터 지금까지 해마다 케터 자전거를 탄 사람이 슬로언 자전거를 탄 사람보다 2배 이상 죽었습니다. 정말로 안전한 자전거를 타고 싶은 분이라면 반드시 슬로언 자전거를 선택해야 합니다."

**5** 어떤 사람이 날씬해지기 위해서 저열량 감미료를 먹기로 했습니다. 하지만 여러분은 저열량 감미료를 먹는 게 과연 체중 감량에 도움이 되는지 의문입니다. 여러분의 의문을 해결하려면 다음 중 어떤 연구 결과를 보여 주어야 할까요?

a) 저열량 감미료가 탄수화물을 먹고 싶게 만드는 원인이었음을 알려 주는 연구 결과

b) 저열량 감미료 때문에 생쥐가 암에 걸렸다는 연구 결과

c) 동물 실험 결과 이 저열량 감미료를 먹은 햄스터 가운데 5%는 체중이 줄어들지 않았다는 연구 결과

아인슈타인 단계 문제   ○●○ 원인과 상관관계의 차이를 알고 있어야 합니다

**1** 자폐증 자녀를 둔 몇몇 부모들이 자폐증 예방 백신이 원인이라며 화를 냈습니다. 이 부모님들은 원인과 상관관계를 혼동하고 있는 것인지도 모릅니다. 그렇게 말할 수 있는 이유를 설명해 보세요.

**2** 1990년대에는 휴대 전화가 뇌종양의 원인일지도 모른다는 이야기가 있었습니다. 이런 이야기가 나온 이유는 뇌종양이 생긴 부위가 휴대 전화를 대고 사용한 부분과 똑같다는 사람이 수백 명이나 나왔기 때문입니다. 휴대 전화가 뇌종양을 일으키는 원인이라고 말하기 전에 반드시 알아야 할 정보는 없는지 생각해 봅시다.

**3** 어떤 육군 대장이 군대에 있는 것이 가장 안전하다는 말을 했습니다. 심지어 전쟁이 일어나도 말입니다. 육군 대장이 제시하는 숫자는 정확했습니다. 이 육군 대장의 말은 논리적으로 어떤 잘못이 있을까요?

2000년 뉴욕에서 죽은 사람은 10만 명당 760명이었지. 하지만 1년 동안 전쟁을 하면서 죽은 병사는 10만 명당 124명뿐이라고. 이건 뉴욕에서 사는 것보다 군인이 되는 게 훨씬 안전하다는 증거라고.

**4** A 나라도 B 나라도 모두 1억 명씩 살고 있습니다. 그런데 A 나라에서는 해마다 화재 때문에 150억 원 가치의 재산이 불타 없어지는데 B 나라에서는 5억 원 가치의 재산만 불타 없어집니다. 그렇다면 B 나라가 A 나라보다 화재 예방을 더 잘하고 있다고 말할 수 있을까요? 여러분의 생각을 말해 보고 그렇게 말한 이유도 이야기해 봅시다.

**5** A 학교 학생들의 읽기 시험 평균 성적은 80점입니다. B 학교 학생들의 읽기 시험 평균 성적은 20점입니다. B 학교의 성적이 너무 낮게 나오자 이 지역의 교육감은 매우 화가 났습니다. 교육감은 B 학교의 읽기 실력을 향상시키기 위해 A 학교의 선생님들을 모두 B 학교로 전근하게 했습니다. A 학교의 선생님이 B 학교로 전근했다고 해서 B 학교 학생들의 읽기 성적이 크게 오를까요? 여러분의 생각을 말해 보고 그렇게 생각한 이유도 설명해 보세요.

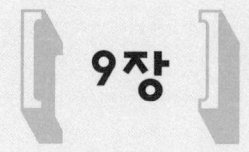

# 9장
## 윤리적인 판단을 해야 합니다

인생을 살아가는 동안, 어떤 선택을 할 때 도덕심과 도덕심을 유지하는 능력이 영향을 미치게 되는 순간을 경험하게 됩니다. 이런 선택은 다른 사람의 삶에 영향을 미치기도 합니다.

9장 윤리적인 판단을 해야 합니다

좋은 소식입니다. 연료 탱크를 고치는 데 드는 비용은 차 1대당 11,000원밖에 안 해요. 몇 년 전부터 그 차를 만들었으니까 모두 고치는 데 1,370억 원이 들겠지만 1대당 고치는 가격은 많지 않아요.

다치거나 죽거나 화상을 입은 사람들이 고소해 왔을 때 드는 비용은 490억 원 정도라고. 차를 고치느니 피해를 입은 사람들에게 보상을 해 주는 게 더 낫겠군.

다행히 이 회사처럼 비윤리적인 결정을 하는 곳이 많지는 않아. 이제부터 해 줄 이야기는 비윤리적인 결정을 내린 회사와 그런 결정 때문에 생긴 일에 관해서야.

아주 힘든 상황에서 어려운 결정을 해야 할 때 도덕적이고 윤리적인 방법을 택해 행동한 사람들에 대한 이야기도 나와.

## 연료 탱크 폭발 사건

기술자를 위한 기술 및 공학 윤리 지침서에 나오는 가장 중요한 규칙은 바로 '직업과 관련된 일을 할 때는 공공의 안전과 건강과 복지에 어긋나지 않는 일을 해야 한다.' 입니다.

소비자들이 원한다는 이유로 미국의 자동차 회사들이 급하게 연료를 절약할 수 있는 작은 엔진을 만들 때의 일입니다. 한 회사의 기술자들이 이제 막 생산만 하면 되는 단계에 있는 최신 차에 심각한 엔진 결함이 있는 것을 발견했습니다. 차의 뒷부분에 충격을 가하자 엔진이 쉽게 파열되는 것이었습니다. 엔진이 파열되면 불과 함께 차가 폭발해 커다란 사고로 이어질 수 있었습니다.

그렇다면 당연히 차를 만들기 전에 문제를 해결해야겠지. 하지만 불행하게도 이 회사는 그러지 않았어.

자신들이 만든 자동차 때문에 사람이 죽는 건 걱정하지 않았다 해도 말이야, 어째서 회사에 대한 소문이 나빠질 것도 걱정하지 않은 걸까?

화재 가능성을 알게 된 자동차 회사가 취한 행동은 차 1대당 11,000원 정도 하는 수리 비용을 지불해야 하는가, 그렇지 않은가를 분석한 것입니다. 회사는 엔진의 결함을 수리하지 않으면 2,000대가 조금 넘는 차에 화재가 나서 180명 정도가 죽고 180명 정도가 심각한 화상을 입게 된다는 사실을 알아냈습니다. 사망자 1명당 2억 원을 보상해 주고 화상을 입은 사람 1명당 6,700만 원을 보상해 주면 480억 6천만 원이 사용되어 엔진의 디자인을 바꾸는 것보다 절약이라는 계산이 나왔습니다. 다시 말해서 불이 붙거나 폭발하지 않는 엔진을 만들기 위해 차 1대당 11,000원을 쓰느니 죽거나 사망하는 사람에게 480억 6천만 원을 쓰겠다는 것입니다.

회사는 엔진의 결함을 고치고 교환하는 데 드는 1,370억 원이라는 금액과 480억 6천만 원을 비교해 보았습니다. 그리고 보다 적은 돈이 드는, 엔진의 결함을 고치지 않는 쪽으로 결정을 내렸습니다.

1978년 처음에 발견한 엔진 결함을 그대로 둔 채 8년이나 자동차를 판매한 회사는 드디어 출시한 모든 차를 수거해 수리해 주어야 했습니다. 8년 동안 차 뒤쪽을 부딪쳐 수백 명이 죽었고 수천 명에 달하는 사람이 심각한 화상을 입었습니다.

결함이 있는 차를 수거해 수리하는 기간이 그토록 오래 걸린 까닭은 자동차를 만들어 판매한 회사가 결함을 그대로 두어 불안하게 다니는 편이 훨씬 비용이 적게 든다고 생각했기 때문입니다. 피해자들이 회사를 상대로 소송을 걸었을 때 회사가 비윤리적인 결정을 했다는 사실을 알게 된 배심원들은 크게 화가 났습니다.
결국 회사는 엔진 결함 때문에 심각한 화상을 입은 피해자들에게 수천억 원이 넘는 피해 보상금을 지급해야 했습니다.

1978년에는 배심원단이 화상을 입은 16세 소년에게 1,280억 원을 배상하라고 했어. 결국 엔진 결함을 고쳤다면 사람들의 생명을 구하는 윤리적인 판단을 했을 뿐 아니라 회사의 재산도 보호할 수 있었을 거야.

기술자를 위한 기술 및 공학 윤리 지침서에는 기술자들이 지켜야 할 윤리적인 규칙들이 적혀 있어. 이 지침서는 기술자가 직업과 관련된 일을 할 때는 공공의 안전과 건강과 복지에 어긋나지 않는 일을 해야 한다는 사실을 분명하게 언급하고 있지. 불행하게도 이 자동차 회사는 차를 개발하고 만드는 동안 이 규칙을 지키지 않았지.

## 생각해 봅시다!

**1** 이 회사가 차를 만들 때 안전성은 소비자들의 시선을 끄는 특징이 아니라고 생각했습니다. 이 같은 사고방식이 엔진 결함을 고치지 말자는 결정에 어떤 식으로 영향을 주었을지 생각해 봅시다.

**2** 이 이야기에서 자동차 회사는 자동차 1대에 들어가는 수리비인 11,000원을 비싸다고 생각했습니다. 만약 자동차 1대를 고치는 데 들어가는 비용이 10만 원, 100만 원이라면 어떨까요? 자동차를 안전하게 고치는 데 너무 많은 돈이 들어간다고 할 수 있을까요?

**3** 안전한 자동차를 만들어 낼 방법이 있을 텐데 어째서 그런 자동차를 만들지 않는 걸까요? 그 이유를 생각해 봅시다.

# 탈리도마이드와 유산율

1950년대 후반 탈리도마이드는 유럽에서 아주 인기 있는 약품이었습니다. 값도 싸고 안전해 보이는 데다 입덧을 정말 효과적으로 없애 주었습니다. 유럽에서 탈리도마이드가 인기를 끌자 탈리도마이드를 만든 제약 회사는 미국에서도 이 약품을 팔고 싶었습니다. 미국에서 탈리도마이드를 팔려면 미국 식품 의약국의 허가를 받아야 하지만 유럽에서 인기를 끈 약품이니 식품 의약국의 허가는 쉽게 나올 거라고 생각했습니다.

제약 회사의 판매 허가 요청을 받은 미국 식품 의약국은 프랜시스 켈시 박사에게 탈리도마이드의 안정성을 검사해 보라고 했습니다. 유럽에서 많이 팔렸다는 사실이 약품의 안정성을 입증하는 증거라고는 생각하지 않았던 켈시 박사는 탈리도마이드에 관한 연구 결과들을 꼼꼼하게 살펴보았습니다.

미국 식품 의약국의 허가가 계속해서 늦어지자 탈리도마이드를 만든 제약 회사는 계속해서 켈시 박사에게 압력을 가했습니다. 제약 회사가 생각하기에는 그렇게 승인을 늦출 필요가 전혀 없었습니다. 따라서 빨리 허락을 받고 미국에서 팔았으면 했습니다. 그러나 켈시 박사는 제약 회사의 강한 압력에도 굴하지 않고 꿋꿋하게 안전하다는 확신이 서지 않으면 판매 허가를 해 줄 수 없다고 말했습니다.

얼마 후 영국 의학 잡지에 아주 놀라운 연구 결과가 실렸습니다. 탈리도마이드를 복용한 사람들 중에 손발에 마비 증상이 오거나 심한 통증을 느끼는 사람들이 있다는 어떤 영국인 의사의 보고서였습니다. 이 말은 탈리도마이드가 신경을 손상시키는 원인 물질일 가능성이 아주 높다는 뜻이었습니다.

탈리도마이드 때문에 신경 손상이 일어난다는 것은 탈리도마이드가 기형을 일으키는 물질이라는 뜻입니다. 그 소식을 들은 켈시 박사는 탈리도마이드가 어른들에게도 위험할 뿐 아니라 태어나지 않은 아이들에게도 위험할 것이라는 확신이 들었습니다.

> 기형을 일으키는 물질은 산모의 뱃속에 있는 태아에게 무척 해롭단다.

여덟 달 후 켈시 박사의 걱정은 사실로 드러났습니다. 임신했을 때 탈리도마이드를 먹은 산모가 낳은 아기 수천 명의 팔과 다리가 너무나도 짧았습니다. 심지어는 팔과 다리가 아예 없이 태어난 아이들도 있었습니다.

안전하다는 확신이 서기 전에는 탈리도마이드의 판매를 허락하지 않겠다는 켈시 박사 덕분에 미국 아이들은 유럽 아이들이 가지고 태어난 선천성 장애로 고생하지 않아도 되었습니다.

9장 윤리적인 판단을 해야 합니다

탈리도마이드를 만든 제약 회사의 강력한 압력에 맞선 켈시 박사의 용기는 윤리적으로 옳은 일을 하려는 수천 명의 과학자들에게 용기를 주었어.

미국에서는 탈리도마이드가 판매되지 않았지만 미국에도 탈리도마이드 때문에 기형으로 태어난 아이들이 있었어. 엄마가 외국에서 탈리도마이드를 사 왔거든.

### 생각해 봅시다!

**1** 탈리도마이드를 만든 제약 회사는 식품 의약국의 판매 허가를 받기 위해 무척이나 서둘렀습니다. 왜 그런 것인지 이유를 생각해 봅시다.

**2** 제약 회사는 자신들이 만든 탈리도마이드가 아주 위험한 물질이라는 사실을 몰랐습니다. 그렇다고 해도 제약 회사는 탈리도마이드 때문에 장애를 안고 태어난 아이들의 가족에게 피해 보상을 해 주어야 할까요? 여러분의 의견을 말해 보세요.

**3** 탈리도마이드는 더 이상 입덧 치료제로 사용되지 않지만 지금도 여전히 판매되고 있습니다. 현재 탈리도마이드를 어디에 사용하고 있는지 알아보고 의사들이 어떤 걱정을 하고 있는지 알아봅시다.

## 비윤리적인 말더듬증 실험

말을 더듬으면 사회적으로나 정서적으로 성장하는 아이들에게 나쁜 영향을 미쳐 바르게 성장하지 못할 수 있습니다. 말을 더듬으면 심각한 결과가 생길 수 있기 때문에 1900년대 내내 과학자들은 말을 더듬는 원인과 치료 방법을 찾기 위해 노력했습니다.

말을 더듬는 아이들에게서는 공통적으로 공포, 수치심, 뒤로 숨으려는 경향이 나타난단다.

1900년대 초반만 해도 말더듬증은 아이들이 태어날 때부터 가지고 있는 장애라는 생각이 우세했습니다. 그러나 말더듬증에 대해서 연구를 계속해 나가는 동안 그 같은 설명에 의문을 갖는 사람들이 생겼습니다. 아이오와 대학의 웬델 존슨 교수도 바로 그런 사람 가운데 한 명입니다.

그 자신도 말을 더듬었던 존슨 교수는, 아이의 정상적인 말더듬 증세를 걱정해서 좋은 의도로 행한 부모님과 선생님의 반응이 아이를 영구적인 심각한 말더듬이로 만드는 원인이라고 굳게 믿었습니다. 정상적인 언어 습득 과정의 일부인 단어와 음절을 반복하는 일을 지적하게 되면 아이는 남의 시선을 너무 의식하게 되고 결국 정상적으로 언어가 발달하지 않습니다.

시간이 흐를수록 자신의 생각이 옳다는 확신을 강하게 하게 된 존슨 교수는 자신의 생각을 입증해 줄 실험을 하기로 했습니다. 존슨 교수는 전에도 아이오와 대학에서 몇 가지 연구를 진행했던 장소를 실험 장소로 택했습니다. 바로 아이오와 주에 있는 한 고아원을 택한 것입니다. 존슨 교수는 그곳이야말로 실험에 적합한 장소라고 생각했습니다.

연구를 진행하기 위해 존슨 교수는 먼저 말을 더듬는 아이 10명과 말을 더듬지 않는 아이 12명을 뽑아 두 집단으로 나누었습니다. 과학자들은 말을 더듬는 아이 5명과 말을 더듬지 않는 아이 6명을 뽑아 말더듬이 집단이라는 이름을 붙인 후 이 아이들이 말을 더듬게 만들려고 노력했습니다. 나머지 아이들은 말더듬이 집단과 비교하기 위해 아무 일도 하지 않고 그대로 두었습니다.

과학자들은 말더듬이 집단의 아이들이 스스로 나는 말더듬이가 되는 것이 아닐까라고 생각하게끔 대했습니다. 이 아이들이 말을 할 때마다 계속해서 방해했고 말더듬이가 될 징조가 보인다고 경고했습니다. 계속해서 그런 일이 반복되자 말더듬이 집단의 아이들은 말을 할 때마다 계속해서 다른 사람을 의식하게 되고 크게 긴장했습니다.

심지어는 선생님들까지 아이들에게 오해를 심어 주고 언어 치료를 받는 아이들에게 어떤 일이 일어나는지 말해 줬어. 선생님들도 아이들이 말을 할 때마다 주의를 빼앗으면서 끊임없이 실험에 참가했던 거지.

실험 결과는 정말 놀라웠습니다. 실험을 시작했을 때는 정상적으로 말하던 아이 6명 가운데 5명이 말을 더듬게 되었습니다. 또한 실험을 시작할 때부터 말을 더듬던 아이들은 언어 능력이 크게 악화되었습니다.

이 실험 덕분에 말더듬증의 원인을 정확하게 알게 되었지. 하지만 실험 대상이 된 아이들에게는 커다란 피해를 주었지. 과학자들이 떠난 후 말을 더듬게 된 아이들은 고아원에 남아 말을 더듬기 때문에 생겨난 사회적, 정서적 문제 때문에 너무나도 힘들어 했지. 이런 실험은 분명히 비윤리적일 뿐 아니라 절대로 하면 안 되는 실험이야.

왜 이런 실험 결과가 발표되지 않은 거지? 말더듬증의 강력한 원인일지도 모를 사실을 발표하는 건 아주 중요한 일 같은데 말이야.

연구 결과는 절대로 발표되지 않았지. 왜냐하면 실험이 끝났을 때 독일 나치가 사람들을 대상으로 생체 실험을 했다는 사실이 알려지면서 비윤리적인 실험이라는 비난을 받았거든. 존슨 교수의 동료들은 자신들이 한 실험이 자신들에게 큰 문제가 될 거라는 걸 알았어.

## 생각해 봅시다!

**1** 존슨 교수는 왜 학교에 다니는 학생이 아니라 고아원에 있는 아이들을 대상으로 실험을 했을까요?

**2** 존슨 교수의 실험은 말더듬증에 대해 많은 것을 알게 해 줍니다. 그 덕분에 수천 명이 넘는 아이들을 도울 수 있었습니다. 하지만 비윤리적인 실험이었다는 비난은 피할 수 없습니다. 왜 그런지 이유를 말해 보세요.

**3** 존슨 교수의 실험이 끝난 후 그 결과를 발표하지 않은 것은 비윤리적인 행동일까요? 여러분의 생각을 말해 보세요.

# 회사를 구한 올바른 결정

1982년 가을에 있었던 일입니다. 시카고와 그 주변 지역에서 갑자기 여러 사람이 죽었습니다. 얼마 후 사망자들이 강력한 효과가 있는 타이레놀을 먹었다는 사실이 드러났습니다. 누군가가 약국 선반에 있는 타이레놀 병을 가져간 다음 그 속에 들어 있는 알약에 시안화물(청산가리)을 바른 후 다시 갖다 놓은 것입니다.

그 때문에 아무것도 모르는 소비자가 타이레놀을 한 알 먹을 때마다 시안화물도 65밀리그램(mg)을 먹게 되었습니다. 사람은 시안화물을 6.5마이크로그램(µg)만 먹어도 죽습니다. 65밀리그램이라면 6.5마이크로그램의 1,000배입니다.

타이레놀에 누군가가 독극물을 발랐다는 소식이 알려지자 큰 소동이 일어났습니다. 두통약을 먹은 수천 명이 넘는 사람들이 병원으로 전화를 걸었고 안전한 약을 처방받기 위해 수백 명이 병원으로 달려갔습니다. 온 나라 사람들이 불안에 떨며 불확실한 상황 속에서 당황해 하고 있는 동안 타이레놀을 만든 존슨 앤 존슨 사는 파산할지도 모를 위험에 처했습니다.

존슨 앤 존슨 사는 아주 어려운 결정을 해야 했지. 이 회사는 자신들이 가장 중요하게 생각해야 하는 것이 무엇인지, 회사의 이익을 생각해야 할지 사람들의 건강을 생각해야 할지 고민했단다.

타이레놀을 만든 회사 사람들이 폭발할 위험이 있는 연료 탱크를 만든 회사 사람들과 같지 않아서 정말 다행이었지.

존슨 앤 존슨 사가 자신들에게 닥친 어려운 문제를 대하는 태도는 그 후 곤란한 문제가 생겼을 때 회사가 어떻게 반응해야 하는지를 보여 준 사례로 손꼽힙니다. 존슨 앤 존슨 사는 고객들의 안전이 가장 중요하다고 결정했습니다. 그래서 미국 전역에 있는 강력한 효과가 있는 타이레놀을 모두 수거했고 고객들에게 타이레놀을 먹지 말라고 알렸습니다. 며칠 만에 존슨 앤 존슨 사는 강력한 효과가 있는 타이레놀 병을 3천만 개나 수거했습니다. 존슨 앤 존슨 사가 수거한 약값을 모두 합하면 천 억 원이 넘었습니다. 회사로서는 정말 어마어마한 돈을 손해 보는 셈이었습니다.

**9장** 윤리적인 판단을 해야 합니다

판매하는 사람들 중에는 존슨 앤 존슨 사가 다시는 타이레놀을 팔지 못할 거라고 생각하는 사람도 있었어. 하지만 틀린 생각이었지.

독극물 사건이 있은 후 두 달도 되지 않아 문제가 되었던 타이레놀은 다시 판매되기 시작했습니다. 하지만 이번에는 견고한 삼중 잠금 장치를 한 병에 담긴 채였습니다. 다시 판매되기 시작한 후 한 달 정도 만에 존슨 앤 존슨 사는 잃어버렸던 고객들을 대부분 되찾았습니다. 위기를 맞은 존슨 앤 존슨 사가 택한 결정 때문에 회사는 정직하고 책임감 있는 회사라는 명성을 얻었습니다.

자사 제품을 먹고 사람들이 죽었다는 사실을 알게 된 후 존슨 앤 존슨 사는 무척이나 결정하기 어려운 선택을 해야 했어. 결국 존슨 앤 존슨 사는 도덕적으로나 윤리적으로 옳은 결정을 했지. 아주 많은 비용이 들었지만 말이야. 결과적으로 존슨 앤 존슨 사의 선택은 윤리적으로나 재정적으로 옳은 결정이었어. 고객들은 존슨 앤 존슨 사가 믿을 수 있는 회사라고 생각하게 되었지. 그 덕분에 엄청나게 성장할 수 있었어.

> **생각해 봅시다!**
>
> **1** 존슨 앤 존슨 사는 독극물 사건과 아무런 상관이 없었습니다. 그런데도 타이레놀을 먹고 죽은 사람들에 대해 책임을 져야 할까요? 여러분의 생각을 말해 보세요.
>
> **2** 1마이크로그램(μg)과 1밀리그램(mg)의 차이를 말해 보세요.
>
> **3** 많은 손해를 감수하면서 수거한 강력한 효과가 있는 타이레놀이 회사 재정에 어떤 식으로 도움이 되었는지 생각해 봅시다.

## 거의 뒤집어져 엎어질 뻔한 건물

윌리엄 르메죠는 1970년대 시티코프 타워를 만들 때, 필요한 기술을 알려 줄 책임을 진 독창적이고 저명한 공학자입니다. 시티코프 타워 건설이 특별히 어려웠던 이유는 건물의 모퉁이에 있는 교회는 그대로 둔 채 그 위로 솟아 있는 높은 건물을 지어야 했기 때문입니다.

르메죠는 이 문제를 해결하려면 대각선으로 버팀대를 설치하는 혁신적인 방법을 택해야 한다고 이야기해 주었습니다. 그런데 그 방법으로 건물을 지으면 어마어마한 양의 건축 자재를 아낄 수 있지만 바람이 불면 건물이 크게 흔들릴 가능성이 있었습니다. 건물이 흔들리는 걸 막기 위해 기술자들은 건물 꼭대기에 옮길 수 있는 블록 400톤을 올렸습니다.

무게를 가볍게 만든 디자인의 구조적 통일성은 버팀대가 만나는 곳에 있는 강한 연결 부위에 좌우되었습니다. 그렇기 때문에 르메죠는 연결 부위가 완전히 붙는 용접 방식으로 버팀대를 연결하라고 이야기해 주었습니다. 그러나 르메죠가 추천한 방법으로 버팀대를 연결하려면 시간도 많이 들고 돈도 많이 들었습니다. 그래서 뉴욕 시 건축업자들은 볼트를 사용해 버팀대를 연결했습니다. 볼트는 용접을 하는 것보다는 튼튼하지 않지만 버팀대 연결에 필요한 힘 이상의 충분한 힘을 줄 수 있습니다.

1년 정도 지났을 때 르메죠는 용접을 하지 않고 볼트로 연결 부위를 고정시켜 놓았다는 사실을 알게 되었지만 크게 걱정하지 않았습니다. 그런데 몇 주 후 한 건축학 교수가 시티코프 타워에 대해 구조와 관계가 없는 질문을 하자 르메죠는 자신이 가르치고 있는 하버드 대학의 구조 건축학 강의 때 시티코프 타워의 구조를 소개해 주기로 마음먹었습니다. 수업을 준비하

르메죠의 연구 결과는 아주 무시무시했어. 시티코프 타워가 그 지역에서 16년마다 한 번씩 불어오는 세찬 바람에 쉽게 무너질 수 있다는 걸 알아냈거든.

는 동안 르메죠는 시티코프 타워가 바람을 맞으면 어떻게 되는지 여러 가지 연구를 해 보았습니다. 용접을 하지 않고 볼트로 연결 부위를 고정시키면 어떻게 되는지 알지 못했기 때문에 르메죠는 이럴 경우에 어떤 일이 생길 수 있는지도 알아봤습니다.

연구 결과가 부정적으로 나오자 르메죠는 정말 걱정이 되었습니다. 건물이 무너져 수많은 사람들이 죽거나 다칠 수도 있을 뿐 아니라 건축 공학자로서의 자신의 명성도 무너질 위기에 처했기 때문입니다. 다행히 시티코프 타워를 튼튼하게 만드는 일은 그다지 어려운 일이 아니었습니다. 정말로 어려운 일은 문제를 책임지려는 강한 의지와 그 문제를 알아야 하는 모든 사람들에게 진실을 알리는 용기를 갖는 것이었습니다.

시티코프 타워의 문제를 발견한 다음 르메죠가 보여 준 정직함과 성실함은 현재 윤리적으로 행동한다는 것이 어떤 것인지를 가르쳐 주는 모범 사례로 손꼽히고 있습니다. 르메죠는 보험 회사, 시티코프 타워에 입주한 사람들, 시청 직원들, 기자들을 불러 자신이 발견한 문제점을 알려 주었습니다.(르메죠에게는 천만다행으로 당시 그 도시의 기자들은 파업을 하고 있었답니다.)

9장 윤리적인 판단을 해야 합니다

시티코프 타워 수리를 시작한 직후 허리케인이 뉴욕 시를 향해 다가오고 있다는 소식이 들려오면서 많은 사람들이 크게 긴장했습니다. 다행히 허리케인은 다른 길로 지나갔고 시티코프 타워는 무사히 수리를 마쳤습니다.

시티코프 타워가 잘못 만들어졌다는 사실을 알았을 때 르메죠는 책임을 지고 윤리적으로 행동했어. 그는 자신의 실수 때문에 보험료가 올라갈 거라고 생각했지만 르메죠가 문제를 해결한 방법 덕분에 보험료는 오히려 내려갔지. 보험 회사는 수많은 사람들이 목숨을 잃을 수도 있었던 재앙을 르메죠가 막았을 뿐 아니라 분명히 엄청난 금액이 되었을 피해 보상 소송도 막아 주었다는 사실을 알고 있었어.

### 생각해 봅시다!

**1** 시티코프 타워를 잘못 만들었기 때문에 르메죠의 보험 회사는 수리 비용을 내야 했습니다. 그런데도 르메죠의 결정 덕분에 보험 회사가 큰돈을 아낄 수 있었다고 생각하는 사람이 많습니다. 그렇게 생각하는 이유는 무엇일까요?

**2** 르메죠가 비윤리적인 결정을 했다면 어떤 결정을 내렸을까요? 한번 생각해 봅시다.

**3** 16년마다 불어오는 세찬 바람이란 무엇일까요?

# 라듐 여인들

라듐은 1898년 마리 퀴리와 피에르 퀴리 부부가 발견한 놀라운 원소입니다. 라듐이 죽음을 불러올 수 있는 무시무시한 원소라는 사실은 금방 알게 되었지만 발견한 직후 얼마 동안은 모든 병을 치료하는 놀라운 만병통치약이라고 생각했습니다. 더구나 어두운 곳에서는 밝은 빛을 내기 때문에 시계의 눈금판, 문손잡이 등 여러 가지 물건을 라듐으로 만들었습니다.

1900년대 초반 빛나는 라듐 덕분에 여러 회사가 큰돈을 벌었습니다. 미국 라듐 회사도 그런 회사 가운데 한 곳입니다. 미국 라듐 회사는 어린 여성들을 고용해 라듐과 물, 접착제를 섞은 페인트로 시계의 눈금판, 군항공기 제어판 같은 기계 장비에 숫자를 그려 넣는 일을 시켰습니다. 여성들은 끝이 뾰족한 붓으로 숫자를 그려 넣었는데 붓은 조금만 써도 금방 끝이 무뎌졌습니다. 끝이 뾰족하지 않으면 정확하게 숫자를 그려 넣는 일이 불가능했기 때문에 페인트에 붓을 담그기 전에 붓 끝을 입에 넣어 혀로 뾰족하게 만들어야 했습니다.

여성들은 라듐이 묻은 붓을 입에 넣고도 전혀 걱정하지 않았습니다. 라듐이 아주 무서운 물질이라는 사실을 몰랐기 때문입니다. 이 여성들은 자신들이 코를 푼 손수건이 어두운 곳에서 빛이 난다는 사실이 신기하기는 했지만 라듐이 위험하다는 생각은 하지 않았기 때문에 어두운 곳에서 반짝일 수 있도록 손가락이나 이를 라듐으로 칠하기도 했습니다.

이 젊은 여성들은 라듐이 얼마나 위험한 물질인지 몰랐어. 하지만 라듐을 연구한 미국 정부와 미국 라듐 회사와 과학자들은 라듐이 위험한 물질이라는 사실을 알고 있었어.

1917년, 그레이스 프라이어도 라듐 페인트로 숫자를 칠하는 일을 하기 시작했습니다. 다른 여성들과 마찬가지로 그레이스도 자신이 얼마나 위험한 일을 하고 있는지 몰랐습니다. 그래서 라듐이 묻은 붓을 입에 넣어 뾰족하게 만들었고 다른 사람들을 따라 라듐으로 손톱과 이를 칠하기도 했습니다.

그레이스는 1920년에 라듐 회사를 그만두었습니다. 그로부터 2년 정도 지났을 때 그레이스의 몸에 여러 가지 문제가 생기기 시작했습니다. 이가 빠졌고 엑스레이를 찍어 보았더니 뼈도 녹아 없어졌습니다. 1925년 의사들은 그레이스의 병이 라듐 회사와 관계가 있다는 사실을 알아냈습니다. 그 무렵 컬럼비아 대학의 프레드 플린이라는 의사가 그레이스 프라이어에 대해 듣고 자신이 그레이스를 진찰하고 싶다고 말했습니다. 그레이스를 진찰한 프레드 플린과 또 다른 의사는 얼마 후 그레이스 프라이어는 아주 건강한 상태라고 발표했습니다.

> 사실 프레드 플린과 그 의사는 미국 라듐 회사를 위해 일하는 사람이었어. 두 사람 모두 미국 라듐 회사에서 여성들에게 위험한 일을 시켰다는 사실이 알려지지 않도록 막기 위해 고용된 사람들이었어.

몇 년이 지나자 라듐 공장에서 일했던 수백 명이 넘는 여성들이 죽거나 심각한 질병에 걸렸다는 사실이 분명해졌습니다. 마침내 그레이스 프라이어와 4명의 여성이 미국 라듐 회사를 고소했습니다. 재판이 진행되는 동안 미국 라듐 회사가 여성들에게 무시무시한 일을 시켰으며 여성들의 건강을 고의로 무시했다는 사실이 드러났습니다.

재판이 시작되기 직전, 미국 라듐 회사가 몇 년 전에 세실 드라이버라는 하버드 대학 생리학자에게 공장의 작업 환경을 검사해 달라는 부탁을 했다는 사실이 드러났습니다. 세실 드라이버가 알아낸 사실은 정말 무시무시했습니다. 라듐 때문에 세포가 죽어 버린 사람이 아주 많았고 거의 모든 사람의 혈액 상태가 좋지 않았습니다. 조사를 마친 후 세실 드라이버는 라듐 오염 때문에 위험에 처한 공장 사람들을 도울 수 있는 변화 방법을 미국 라듐 회사에 제안했습니다.

9장 윤리적인 판단을 해야 합니다

> 안타깝게도 미국 라듐 회사의 사장은 드라이버가 제안한 내용을 무시하고 말았어. 더욱 안타까운 사실은 라듐 회사의 사장이 드라이버가 알아낸 사실을 공개하지 못하게 했을 뿐 아니라 혹시라도 공개할 경우 고소할 거라고 협박했다는 거야.

> 드라이버의 보고서가 더욱 놀라운 점은 공장에서 다른 일을 하는 사람들은 라듐 페인트를 칠하는 여성들과 달리 건강을 해칠 만한 일을 하지 않았다는 사실이야. 라듐의 위험을 알고 있는 사람들에게는 납으로 만든 보호 장비와 마스크, 집게 등을 주었지. 미국 라듐 회사가 어린 여성들을 함부로 대했다는 증거가 명백해진 거지.

> 중요한 건 말이야, 우리 공장 직원들이 라듐 때문에 병이 생겼다는 걸 다른 사람들이 알면 안 된다는 거야. 사람들이 그 사실을 알아내면 우리 회사는 어마어마한 돈을 내야 할 테니까!

재판이 시작되기 며칠 전 미국 라듐 회사는 회사를 고소한 여성들에게 1명당 천만 원을 한꺼번에 주고 살아 있는 동안 1년에 60만 원씩 지급하기로 합의했습니다. 회사를 고소한 5명의 여성은 그 후 10년을 넘기지 못하고 모두 죽었습니다.

페그 루니도 라듐 때문에 불행해진 여성입니다. 페그는 1920년대에 라듐 다이얼이라는 회사에서 어두운 곳에서 빛나는 숫자판을 만들었습니다. 페그는 회사를 그만둔 지 8일 만에 죽었습니다. 그러자 라듐 다이얼 회사는 곧바로 의사를 보내 페그를 부검해 본 후 디프테리아 때문에 죽었다고 발표했습니다.

페그의 가족은 페그가 디프테리아 때문에 죽었다는 회사의 말을 믿지 않았습니다. 그러나 페그가 죽게 된 진짜 원인이 밝혀지고 라듐 다이얼 회사의 잘못이 밝혀진 것은 그로부터 50년이 흐른 뒤였습니다.

1978년 페그의 사체를 꺼내서 다시 검사해 본 결과 라듐이 2만 마이크로퀴리($\mu Ci$) 정도 검출되었어. 과학자들이 안전하다고 생각하는 것보다 1,000배 이상 되는 양이지.

# 9장 윤리적인 판단을 해야 합니다

> ### 생각해 봅시다!
>
> **1** 라듐 회사가 젊은 여성들을 부속품처럼 취급했다는 말을 많이 합니다. 부속품처럼 취급한다는 말은 무슨 뜻일까요? 여러분의 생각을 말해 보세요.
>
> **2** 라듐 때문에 병이 생긴 여성들은 아주 적은 돈을 받고 라듐 회사와 합의해 주었습니다. 왜 그랬을까요? 생각해 봅시다.
>
> **3** 라듐이 위험한 물질이라는 사실을 알고 있는 사람들에게는 납으로 만든 보호 장비와 마스크 같은 안전장치를 착용하게 했습니다. 회사는 젊은 여성들의 안전을 걱정했을까요? 어째서 회사는 직원들이 안전하게 일할 수 있는 방법을 택하지 않은 걸까요?

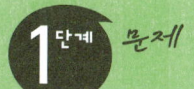

○●○ 윤 리 적 인   판 단 을   해 야   합 니 다

**1** 폐암 환자 1,000명 가운데 850명은 담배를 피우는 사람이라는 통계 결과가 나왔습니다. 어떤 해에 폐암에 걸린 사람이 9,600명이었다면 그중에 담배를 피우는 사람은 몇 명이나 될까요?

**2** 품질이 나쁜 값이 싼 페인트는 1리터당 14,950원이고 품질이 좋은 비싼 페인트는 1리터당 32,500원입니다. 1리터의 페인트로 245㎡를 칠할 수 있고 높이가 8m, 길이가 345m인 곳을 칠하려고 합니다. 값이 싼 페인트로 칠한다면 비싼 페인트로 칠했을 때에 비해 얼마나 돈을 절약할 수 있을까요?

**3** 어떤 약을 800만 병 회수하는 데 1,280만 원의 비용이 들었습니다. 이 약을 1,100만 병 회수한다면 얼마가 들까요?

**4** 유선 방송 한 달 수신료는 48,750원입니다. 만약 2,850명이 수신료를 내지 않고 유선 방송을 본다면 유선 방송 회사가 1년 동안 손해 보는 액수는 얼마일지 계산해 보세요.

**5** 어떤 카펫 회사가 카펫을 제곱야드가 아니라 제곱인치 단위로 팔기로 했습니다. 전에는 1제곱야드당 32,000원을 받았지만 이제는 1제곱인치당 50원만 받기로 했습니다. 1제곱야드당 32,000원 하는 카펫과 1제곱인치당 50원 하는 카펫 중 어느 쪽이 더 쌀까요?(1야드는 36인치입니다.)

○●○ 윤 리 적 인   판 단 을   해 야   합 니 다

**1** 사무실 임대료로 1시간에 15,500원을 주던 회사가 1시간에 1,350원만 주면 되는 곳으로 회사를 옮겼습니다. 회사는 경비를 몇 퍼센트 줄일 수 있을까요?

**2** 1시간에 15,500원을 받던 직원이 다른 회사로 옮기면서 5,500원을 받게 되었습니다. 이 직원의 월급은 몇 퍼센트 줄어든 것일까요?

**3** 어떤 건설업자가 2007년 1년 동안 982만 원을 벌었습니다. 2008년에는 품질이 나쁜 페인트를 사용했기 때문에 2007년보다 수입이 50% 줄었습니다. 그런데 2009년에도 수입이 50% 줄어들었습니다. 2009년에 이 건설업자가 번 돈은 얼마일까요?

**4** 유선 방송 사장님이 유선 방송을 돈 내지 않고 보는 사람이 한 사람도 없으면 150만 명인 고객들의 한 달 수신료는 28,500원이 될 거라고 했습니다. 그러나 수신료를 내지 않고 보는 사람들이 수천 명에 달하기 때문에 고객들이 내야 하는 수신료는 31,350원입니다. 수신료를 내지 않고 유선 방송을 시청하는 사람들이 몇 명인지 계산해 보세요.

**5** 사람들에게 돈을 빌려 주는 회사가 있습니다. 이 회사의 1주일 이자율은 12%입니다. 어떤 사람이 100원을 빌렸다면 10주 후에는 얼마를 갚아야 할까요?(소수점 둘째 자리까지 구하세요.)

**9장** 윤리적인 판단을 해야 합니다

○●○ 윤 리 적 인   판 단 을   해 야   합 니 다

**1** 정상적인 여성의 평균 수명은 76년입니다. 라듐 공장에서 일한 어떤 여성이 28세에 죽었다면 이 여성의 수명은 몇 퍼센트 짧아진 것일까요?

**2** 1970년 어떤 자동차 회사가 차량 1대당 140만 원을 들여 자동차를 만들었습니다. 이 회사가 차 1대당 11,000원을 더 쓸 경우 훨씬 안전한 연료 탱크를 만들 수 있습니다. 만약 이 회사가 11,000원을 들여 보다 안전한 연료 탱크를 만들기로 결정했다면 자동차 제작 비용은 몇 퍼센트 증가하는 것일까요?(소수점 둘째 자리까지 구하세요.)

**3** 폐암 환자 1,000명 가운데 850명이 담배를 피우는 사람이라고 합니다. 어떤 도시에서 폐암에 걸린 사람 가운데 1,260명이 담배를 피우지 않는 사람이라면 담배를 피우는 폐암 환자는 몇 명일까요?

**4** 어떤 가게에서 2002년 1년 동안 350만 원을 벌었습니다. 2003년에는 2002년 수익의 60%가 떨어졌고 2004년에는 그 수익의 50%, 2005년에는 그 전해 수익의 40%, 2006년에는 그 전해 수익의 30%가 떨어졌습니다. 2006년도에 이 가게가 벌어들인 돈은 얼마인가요?

**5** 어떤 가게에서 2002년 1년 동안 벌어들인 돈은 n원입니다. 그 후 5년 동안 이 가게는 그 전해 수익의 20%씩 꾸준히 감소했습니다. 이 가게가 벌어들인 돈을 n을 사용해 표시해 보세요. 처음 2년 동안의 수입은 여러분을 위해 미리 적어 놓았습니다.

2002년 ------------ n
2003년 ------------ 0.80n
2004년 ------------ 0.80×0.80n
2005년 ------------ ?
2006년 ------------ ?
2007년 ------------ ?

# 편견은 어디에나 있습니다

누구나 쉽게 자신이 좋아하는 의견을 택합니다. 교육을 많이 받은 사람들도 예외는 아닙니다. 편견은 조사 결과에, 과학 실험에 대해 우리들이 간직하고 있는 믿음에, 그리고 우리가 내려야 하는 많은 결정에 영향을 미칩니다.

**10장** 편견은 어디에나 있습니다

내가 물어본 동물들 가운데 **99.2%**는 고양이를 밖으로 데리고 나갈 때는 가죽끈으로 묶어야 한다고 했어.

난 생쥐가 한 설문 조사가 좋은걸. 그러니까 고양이가 한 건 무시해 버릴 거야.

여기서 어떤 식으로 편견이 작용했는지 쉽게 알 수 있지. 하지만 많은 경우 자신들이 한쪽 의견을 편애하고 있다는 걸 쉽게 알지 못해. 그건 우리도 마찬가지일 거야.

## 필요 없는 무릎 수술도 있지 않을까?

해마다 움직이는 게 힘들거나 골관절염 때문에 찾아오는 엄청난 통증 때문에 괴로워하는 25만 명에 달하는 사람들이 무릎 수술을 받습니다. 무릎 수술은 보통 무릎에 작은 구멍을 뚫어서 합니다. 구멍을 뚫고 나면 튜브와 카메라를 집어넣어 잘못된 곳을 치료합니다.

무릎 수술을 받고 그전보다 상태가 좋아진 환자들이 있기는 하지만 휴스턴에 있는 베일러 의과 대학 교수들은 무릎 수술이 정말로 필요한 것인지 과학적인 방법을 이용해 알아보기로 했습니다. 베일러 의과 대학 교수들이 자신들의 계획을 발표하자 많은 외과 의사들이 쓸데없는 실험에 시간 낭비를 하고 있다고 생각했습니다. 왜냐하면 자신들이 치료해 준 환자들이 수술 후에 분명히 나아졌으니 더 이상 증거는 필요 없다고 생각했기 때문입니다.

베일러 의과 대학 교수들은 180명의 환자를 둘로 나누었습니다. 그중에 절반은 실제로 외과 수술을 했고 나머지 절반은 무릎에 구멍을 뚫기는 했지만 외과 수술을 하지는 않았습니다. 환자들은 자신이 실제로 무릎 수술을 받았는지 받지 않았는지 알지 못했습니다.

10장 편견은 어디에나 있습니다

환자들에게 가짜 약을 먹게 하는 위약 실험은 많이 하는 실험으로 별로 반대하는 사람이 없단다. 하지만 가짜로 수술을 하는 실험은 환자들이 감염될 수도 있고 위험한 부작용에 시달릴 수도 있어서 반대하는 사람이 많아. 하지만 이 무릎 수술 실험을 통해 가짜 수술도 진짜 수술만큼 효과가 있다는 사실을 보여 주면, 해마다 하지 않아도 될 무릎 수술을 하는 수천 명이 넘는 사람들을 도와줄 수 있으니 위험을 무릅쓰고 하기로 했지.

실험이 끝나고 2주일 후, 가짜 수술을 받고도 수술을 받고 훨씬 좋아졌다고 말하는 사람이 진짜 수술을 받은 사람보다 많았습니다. 2년 후에 다시 조사하니 진짜 수술을 받은 사람이나 가짜 수술을 받은 사람 모두 수술 후 훨씬 좋아졌다고 말했습니다.

이 같은 실험 결과는 해마다 수천 명이 넘는 사람들이 하지 않아도 될 무릎 수술을 받는다는 뜻이야. 진짜 수술을 받은 사람이나 가짜 수술을 받은 사람 모두 건강이 훨씬 좋아졌다고 느낀다는 건 위약 효과의 증거라고 할 수 있어.

위약 효과란 건강에 도움이 되는 약이라고 생각하고 먹으면 실제로 건강이 좋아지는 것을 말합니다. 아직 분명한 결론을 내릴 수는 없는 문제지만 위약 효과가 나타났다는 것은 무릎 수술이 의사들이 생각하는 것보다는 그다지 효과가 없을지도 모른다는 뜻입니다. 다른 실험에서도 비슷한 결과가 나온다면 이런 종류의 무릎 수술은 점차 줄어들 것입니다.

이런 실험을 할 때는 편견을 없애기 위해 실험에 참가하는 사람들이 어떤 사람들이 진짜 수술을 받는지 절대 몰라야 해. 만약 자신이 진짜 수술을 받는 사람이라는 사실을 알게 되면 분명히 좋아질 거라는 기대를 하게 되거든.

과학적 방법이 아름다운 이유는 참가자들이 편견을 가지고 있을 때도 진실을 찾아낸다는 점이지. 편견은 누구나 갖고 있다는 사실을 명심해야 해. 의사가 되었건 과학자가 되었건 마찬가지지.

## 생각해 봅시다!

**1** 위약 효과에 대해 설명해 봅시다.

**2** 가짜 약이 실제로 사람들의 통증을 사라지게 하는 이유를 생각해 봅시다.

**3** 수술의 효과를 알아보기 위해 환자를 만나는 사람들은 누가 진짜 수술을 받은 사람이고 누가 가짜 수술을 받은 사람인지 몰라야 합니다. 진짜 수술을 받은 사람이 누구인지 몰라야 한다는 사실이 중요한 이유를 설명해 보세요.

# 틀린 예측을 불러온 편견에 가득 찬 표본

1936년 미국 대통령 선거의 결과는 누가 봐도 쉽게 예상할 수 있을 것 같았습니다. 강력한 지도력을 발휘한 프랭클린 루스벨트 대통령은 경제 대공황 때 뉴딜이라는 훌륭한 정책을 실시해 유권자들에게 직장을 마련해 주었습니다. 게다가 유명한 라디오 연설을 통해 정기적으로 미국 사람들에게 자신의 의견을 말할 기회가 있었습니다.

루스벨트 대통령과 맞서 싸울 공화당 측 후보는 앨프레드 랜든이었습니다. 랜든은 루스벨트 대통령의 뉴딜 정책이 별로 효과가 없었다고 말했습니다. 또한 그는 루스벨트 대통령은 독재자처럼 행동하며 너무나도 막강한 힘을 행사하고 있다고 말했습니다. 루스벨트 대통령은 인기가 아주 많았지만 랜든을 지지하는 사람들도 전국 곳곳에 많았습니다.

선거일이 다가오자 『리터러리 다이제스트』라는 잡지가 누가 대통령이 될 것인지 예측해 보기 위해 천만 명에게 설문지를 보내는 여론 조사를 실시했습니다. 설문지를 받은 사람 가운데 250만 명이 설문지에 답해 왔습니다. 『리터러리 다이제스트』는 그 사람들의 답변을 분석해 랜든이 압도적으로 대통령 선거에서 승리할 것이라고 발표했습니다. 『리터러리 다이제스트』가 진행한 여론 조사에 따르면 랜든은 57%의 표를, 루스벨트 대통령은 43%의 표를 얻게 됩니다.

『리터러리 다이제스트』가 자신들의 여론 조사 결과를 발표했을 때 또 다른 여론 조사 전문가인 조지 갤럽은 깜짝 놀랐습니다. 자신이 진행한

여론 조사 결과와 너무나도 달랐기 때문입니다. 갤럽의 여론 조사 결과는 루스벨트 대통령이 56%의 득표율로 당선되는 것이었습니다. 갤럽은 대통령 선거 결과는 자신의 여론 조사 결과와 같을 것이라고 확신했습니다. 왜냐하면 『리터러리 다이제스트』가 진행한 여론 조사 방식에 심각한 문제가 있다는 사실을 알고 있었기 때문입니다.

『리터러리 다이제스트』가 설문지를 보낸 천만 명은 전화와 자동차 소유자 목록에서 뽑힌 사람들입니다. 갤럽은 전화와 자동차를 사용하는 사람들이 미국 전체 시민을 대표하지는 않는다고 생각했습니다. 왜냐하면 1936년에는 자동차나 전화가 아주 비쌌기 때문에 부자가 아니면 살 수가 없었습니다. 『리터러리 다이제스트』의 여론 조사는 가난한 사람들과 중산층의 의견이 반영되지 않은 결과였습니다.

갤럽이 조사한 사람은 5만 명에 불과했지만 다양한 계층의 사람들로 이루어져 있었습니다. 그렇기 때문에 250만 명이라는 많은 숫자가 참여한 『리터러리 다이제스트』의 여론 조사보다 훨씬 적은 규모로도 훨씬 정확한 결과를 예상할 수 있었습니다.

대통령 선거 결과는 루스벨트 대통령이 62%의 득표율로 당선된 거였어. 선거가 끝난 후 갤럽은 아주 유명한 여론 조사 전문가가 되었지만 『리터러리 다이제스트』는 신뢰할 수 없는 여론 조사 기관이라는 평가를 들어야 했지.

언젠가 고양이는 나쁜 동물인가 착한 동물인가를 물어본 적이 있어. 대답한 동물 중 99.98%가 나쁜 동물이라고 답했지. 지금 생각해 보니 내 여론 조사는 한쪽으로 치우쳐 있었던 거 같아. 내가 물어본 동물이 모두 생쥐 아니면 시궁쥐였거든.

10장 편견은 어디에나 있습니다

> 이 이야기는 여론 조사를 할 때는 설문에 참여할 대표 표본의 선택이 아주 중요하다는 사실을 말해 주지.

### 생각해 봅시다!

1 『리터러리 다이제스트』의 여론 조사에 답한 사람들이 갤럽의 여론 조사에 답한 사람들보다 훨씬 많았습니다. 그런데도 갤럽의 여론 조사가 훨씬 정확했던 이유는 무엇인가요?

2 조지 갤럽은 『리터러리 다이제스트』의 여론 조사 방식에 심각한 문제점이 있다는 사실을 알았습니다. 심각한 문제란 무엇인가요?

3 대통령 선거를 앞두고 여론 조사를 해야 합니다. 여론 조사에 참가할 사람들을 전화 사용자들 중에서 뽑는다면 믿을 수 있는 결과가 나올까요? 여러분의 의견을 말해 봅시다.

## 편견을 제거한 발견

1948년이 되기 전에는 편견 때문에 연구원들이 의학 실험 결과를 잘못 해석하는 경우가 많았습니다. 새로 만들어진 약이 환자들에게 도움이 될 거라고 생각하는 의사들이 연구를 진행하고, 같은 의사들이 약의 효과를 판단하는 일도 있었습니다. 심지어는 실험군과 대조군으로 나뉘어 실험을 하면서 새로 만든 약을 먹지 않는 쪽에, 일부러 그랬건 모르고 그랬건 건강이 몹시 좋지 않은 사람들을 집어넣기도 했습니다. 그래야 새로 만든 약이 의사들이 바라는 대로 아주 효과가 좋은 약이라는 결과가 나오기 때문입니다.

의사들이 자신이 원하는 대로 실험 대상자를 선택하면 그 실험은 신뢰하기 어렵게 됩니다. 왜냐하면 실험이 끝날 무렵에 나타나는 두 집단의 차이는 사실 실험이 시작될 때부터 있었던 두 집단 사람들의 건강 차이가 그 원인일 수 있기 때문입니다.

1948년 이전에 실험을 진행한 연구자들의 또 다른 문제점은 어느 쪽이 진짜로 실험을 진행할 사람이며 어느 쪽이 그 사람들과 비교해 볼 대조군 인지를 알고 있었다는 점입니다. 그렇기 때문에 새로운 약의 치료 효과를 판단할 때 의식적으로건 무의식적으로건 사람들이 받은 치료 내용을 참고하게 됩니다.

지금은 어떤 의사가 불구가 된 사람을 다시 걷게 만드는 치료법을 개발했다고 선언해도, 그 의사는 그 치료법이 정말로 효과가 있는지 알아보는 실험에 참가할 수 없습니다. 걷지 못하는 환자가 치료를 받은 후 그 의사의 진료실에서 걸어 나온다면 그 의사의 치료 방법이 효과가 있다는 분명한 증거가 될 수도 있습니다. 그러나 안타깝게도 약물 치료의 효과는 대부분 명확하게 드러나지 않습니다. 예를 들어 전체 심장마비 가운데 10%를 막을 수 있는 심장 약은 수천 명의 생명을 구할 테지만 한 명의 연구원이 불과 몇 명의 환자들에게만 그 약을 준다면 생명을 구하는 약품의 장점은 명확하게 드러나지 않을 것입니다.

점점 더 많은 연구원들이 새로운 약품과 치료 방법을 실험할 때 편견이 심각한 문제라는 사실을 깨닫고 있습니다. 1948년 영국 연구원들은 자신들의 편견이 의학 실험 결과를 망치지 못하도록 하는 장치를 마련했습니다. 진리를 찾을 새로운 방법을 찾아낸 것입니다.

영국 과학자들은 이 새로운 방법을 '무작위 통제 시험'이라고 불렀어.

뭐, 조금 어려운 말이기는 하지만 친구들한테 '무작위 통제 시험'이라고 하면 분명히 친구들은 내가 아주 똑똑하다고 생각할 거야. 실제 나보다 말이지.

무작위 통제 시험은 의학 연구에서 감정, 희망, 꿈, 기대 등을 제거했습니다. 그 결과 과학 실험은 진정한 실험 과학으로 거듭날 수 있었습니다.

1948년 영국 과학자들이 스트렙토마이신이 결핵 치료에 효과가 있는지를 알아보는 실험을 하는 동안 이 무작위 통제 시험 원칙을 적용했습니다. 영국 과학자들은 107명의 환자를 무작위로 뽑아서 2개의 집단으로 나누었습니다. 52명은 실험군과 비교해 볼 대조군이 되었고 55명은 직접 스트렙토마이신을 먹게 될 실험군이 되었습니다.

스트렙토마이신은 항생제야. 세균을 죽이는 물질인 거지.

이 실험은 환자만 무작위로 뽑은 게 아니라 실험을 진행하는 과학자들도 어떤 집단이 스트렙토마이신을 복용하고 어떤 집단이 그렇지 않은지 알지 못했습니다. 실험이 끝난 후 두 집단을 비교해 봤습니다. 한 집단은 환자의 7%가 사망했고 다른 집단은 27%가 사망했습니다. 실험을 시작하면서부터 끝날 때까지 방사선 학자들이 두 집단 환자들의 폐를 계속해서 X선으로 촬영했습니다. 그 결과 사망률이 7%인 집단의 폐 기능이 27%인 집단보다 훨씬 좋아졌음을 확인했습니다.

물론 방사선 학자도 어느 쪽이 대조군이고 어느 쪽이 실제로 스트렙토마이신을 먹은 쪽인지 몰랐지.

실험 결과가 모두 나온 후에야 과학자들은 어느 쪽이 실험군이고 어느 쪽이 대조군인지 확인해 볼 수 있었어. 사망률이 7%인 집단이 스트렙토마이신을 먹은 쪽이었어. 세상은 새롭고도 과학적인 방법으로 결핵을 치료할 수 있는 방법을 찾아낸 것이지.

무작위 통제 시험은 과학이 크게 도약할 수 있게 해 주었어.

재미있는 건 스트렙토마이신 실험 방법을 생각해 낸 사람은 의사가 아니라 통계학자라는 사실이야. 다시 한 번 수학자가 영웅이 된 거지!

**10장** 편견은 어디에나 있습니다

> ### 생각해 봅시다!
>
> **1** 제대로 된 실험을 하려면 무작위로 환자를 뽑는 일이 중요합니다. 왜 그런지 이유를 생각해 보세요.
>
> **2** 무작위 통제 시험이란 무엇일까요?
>
> **3** 신약 실험에서는 환자가 자신이 대조군인지 직접 약을 먹는 실험군인지를 몰라야 한다는 사실이 아주 중요합니다. 왜 그럴까요?

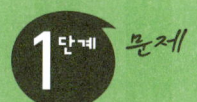

○●○ 편견은 어디에나 있습니다

**1** 위약이란 무엇일까요?

**2** 위약 효과란 무엇인가요?

◉ **3~5** 다음 문제를 풀기 위한 보기입니다.

> 가희는 비타민 C가 감기 치료에 효과가 있는지 알아보고 싶었습니다. 그래서 몸이 아픈 친구 100명에게 비타민 C를 주었습니다. 일주일 후 가희는 친구들에게 비타민 C가 효과가 있었는지 물어보았습니다.

**3** 가희의 실험 방법은 좋은 실험 방법이라고 할 수 있을까요? 여러분의 생각을 말해 보고 그 이유도 함께 설명해 보세요.

**4** 가희는 보다 믿을 수 있는 실험 결과를 얻기 위해 대조군을 세우려 합니다. 대조군은 어떻게 정해야 할까요?

**5** 가희는 비타민 C의 효능을 굳게 믿고 있기 때문에 자신의 이런 생각이 실험 결과에 영향을 미칠까 봐 걱정입니다. 자신의 편견이 실험 결과에 반영되지 않으려면 실험을 하는 동안 가희는 무엇을 몰라야 할까요?

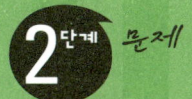

○●○ 편견은 어디에나 있습니다

**1** 유리는 학교에서 흔히 일어나는 다른 사람의 시험지를 몰래 베끼는 것에 대해 알아보고 싶었습니다. 그래서 같은 학교에 다니는 1,000명 가운데 100명을 만나 물어보았습니다. 유리가 만난 100명의 학생은 한 번도 다른 사람의 시험지를 보고 베껴 쓰지 않았다고 했습니다. 이 같은 정보를 바탕으로 유리는 자신의 학교에서는 시험지를 몰래 베끼는 행위가 거의 일어나지 않았거나 전혀 없었다고 주장했습니다. 유리가 택한 방법은 좋은 방법이라고 할 수 있을까요? 여러분의 생각을 말해 보고 그렇게 생각한 이유도 함께 설명해 보세요.

**2** 1번 문제에서 유리가 좀 더 정확한 결론을 얻으려면 어떻게 해야 할지 생각해 보세요.

**3** 대표 표본이란 무엇일까요?

**4** 어떤 여론 조사 기관에서 다음 미국 대통령 선거 때 어떤 후보가 당선될지 알아보고 싶었습니다. 하지만 1,000명이나 되는 사람을 무작위로 뽑아야 하는 귀찮은 일은 하고 싶지 않았습니다. 그래서 큰 회의가 열리는 노동조합 모임 때 설문 조사를 진행하기로 했습니다. 그런데 노동조합 모임에 참석하는 사람들은 좋은 표본 샘플이 아닙니다. 왜 그런지 설명하고 노동조합에 모인 사람들이 미국 민주당과 공화당 가운데 어느 쪽 후보를 대통령으로 뽑을지도 함께 생각해 봅시다.

**5** 어떤 대학의 교수가 간접흡연은 거의 해롭지 않다는 사실을 보여 주기 위해 몇 가지 실험을 진행했습니다. 그런데 많은 사람들이 그 교수는 분명히 편견에 사로잡혀 있다고 했습니다. 그 교수는 담배를 피우지 않습니다. 그런데도 사람들이 그 교수가 편견에 사로잡혀 있다고 말하는 이유는 무엇 때문일까요?

○●○ 편견은 어디에나 있습니다

**1** 의사를 찾아가는 환자가 그렇지 않은 환자보다 회복 기간이 길다는 연구 결과가 나왔습니다. 실험 결과를 들은 지호는 독감에 걸렸을 때 병원에 가지 않았습니다. 지호의 생각이 잘못된 이유를 말해 봅시다.

**2** 어떤 잡지에서 어떤 병원이 안전한 병원인지 알아보기로 했습니다. 그래서 병원마다 환자를 100명씩 뽑아 6개월간의 모습을 살펴보기로 했습니다. 그런데 아주 놀라운 결과가 나왔습니다. 심각한 질병을 아주 잘 치료하기로 유명한 병원이 환자 사망률도 가장 높았기 때문입니다. 잡지에서 알아낸 사실대로라면 이 병원은 절대로 가지 말아야 할 곳인지도 모릅니다. 정말 그럴까요? 여러분의 생각을 말해 보고 그 이유도 함께 설명해 보세요.

**3** 미나와 해리는 '동물이 아주 늙고 병들었을 때 안락사를 시켜야 하는가?' 라는 문제를 놓고 대립하고 있습니다. 미나는 아무리 동물이 아파도 안락사는 시키면 안 된다고 주장했고 해리는 동물이 늙고 아주 아플 때 안락사를 시켜 주는 것은 친절한 행위라고 주장했습니다. 두 사람이 의견 대립을 보인 장소가 토론 클럽이었기 때문에 두 사람은 사람들이 안락사에 대해 일반적으로 어떻게 생각하는지 조사해 보기로 했습니다.

해리가 조사한 결과에 따르면 여론의 98%는 안락사를 지지했고 미나의 조사 결과에 의하면 95%가 안락사를 반대했습니다. 두 사람의 조사 결과가 이렇게 크게 차이가 나는 이유는 무엇일까요? 그 이유를 설명해 보세요.(두 사람 모두 무작위로 100명을 뽑아 설문을 진행했습니다.)

**4** '무의식적인 편견' 이란 무엇인지 설명해 봅시다.

**5** 시연이는 한 잡지사의 의뢰를 받고 아주 까다로운 확률 문제를 풀어 주었습니다. 그런데 잡지가 출간된 후 시연이의 답이 틀렸다는 독자의 편지를 수백 통이나 받았습니다. 시연이의 답은 사실 틀리지 않았습니다. 하지만 국민 10명 가운데 9명이 자신의 답이 틀렸다고 생각할 정도로 국가의 수학 실력이 형편없다는 사실 때문에 시연이는 이만저만 걱정이 아니었습니다. 이 같은 사실을 생각해 볼 때 '잡지에 실린 확률 문제를 풀어 본 10명 가운데 9명이 시연이의 답이 틀렸다고 생각했다.'는 결론을 내릴 수 있을까요?

## 〈여성 인물 이야기〉 시리즈

01 우주 시대를 개척한 우주비행사
144쪽 / 7,500원

02 역경을 이겨낸 위대한 음악가
164쪽 / 7,500원

03 정상에 오른 뛰어난 운동선수
120쪽 / 값 7,000원

04 두려움과 맞선 용기 있는 탐험가
172쪽 / 값 7,500원

05 호기심으로 세상을 진화시킨 과학자
144쪽 / 값 7,500원

06 붓으로 세상을 품은 미술가
188쪽 / 값 8,000원

07 편견과 싸워 이긴 위대한 지도자
164쪽 / 값 7,500원

08 분쟁과 소외에 몸을 던진 노벨평화상 수상자
192쪽 / 값 8,000원
★ 행복한 아침독서 추천

09 상상력을 네모 틀에 담아낸 영화감독
200쪽 / 값 8,000원

10 세상을 다시 보게 만든 환경운동가
148쪽 / 값 7,500원
★ 행복한 아침독서 추천

11 자신을 희생하여 병마와 싸운 의사
152쪽 / 값 7,500원

12 독특한 언어로 세상을 그려낸 작가
184쪽 / 값 8,000원

13 톡톡 튀는 호기심 많은 발명가
168쪽 / 값 7,500원

14 춤으로 세상을 유혹한 무용가
200쪽 / 값 8,000원

*〈여성 인물 이야기〉 시리즈는 계속 발간됩니다.

## 〈똘레랑스 프로젝트 1015〉 시리즈

01 빅뱅과 거북이
97쪽 / 값 9,800원

02 내 가족과 다른 가족들
97쪽 / 값 9,800원

03 저녁 식사로 떠나는 세계 여행
72쪽 / 값 9,800원

04 리본, 레이스, 그리고 우아한 신발
108쪽 / 값 9,800원

05 어미 잃은 새끼 고양이들
72쪽 / 값 9,800원
★ 행복한 아침독서 추천

06 집의 정령들은 어디에
100쪽 / 값 9,800원

07 나는 잘못한 게 없어요
111쪽 / 값 9,800원

08 모두를 위한 인권선언문
97쪽 / 값 9,800원

09 앞으로 커서 무엇이 될까
128쪽 / 값 9,800원

*〈똘레랑스 프로젝트 1015〉 시리즈는 계속 발간됩니다.

• 정답과 풀이 •

# 6장

## 건전한 비판 정신을 갖는 것이 중요합니다

[ **1단계 문제** ]

**1 답** 르네 블롱들로는 정말로 N선을 발견한 것이 아니라 있다고 믿었기 때문에 발견한 것처럼 느꼈던 겁니다. N선은 '사람들은 보고 싶어 하는 것만 보게 된다.'는 유명한 격언에 꼭 들어맞는 경우라고 하겠습니다. N선은 예전에도 그랬고 지금도 완전히 상상 속에서만 존재합니다.

**2 답** 새의 뼈를 사용합니다. 이런 점은 정확한 정보가 아니며 다행히 지금은 이런 점을 보는 사람도 없습니다.

**3 답** 있습니다. 전파 감지 및 조준 장치는 흔히 레이더라고 부릅니다.

**4 답** 아주 간단한 과학 실험만으로도 피라미드에 그런 힘이 없다는 사실을 보여 줄 수 있습니다.

**5 답** 2002년 마요 클리닉에서 4주 동안 실험을 진행했습니다. 환자 중 일부는 효험이 있다는 특별한 팔찌를 차고 일부는 가짜 팔찌를 찼습니다. 그 결과 양쪽 모두 건강이 좋아졌다고 말했습니다. 따라서 팔찌에 특별한 효능이 있었던 것은 아닙니다.

[ **2단계 문제** ]

**1 답** 반사 요법을 굳게 믿는 사람이 수천 명이 넘지만 반사 요법이 효과가 있다는 과학적인 증거는 아직 없습니다.

**2 답** 실제로 공중 부양을 할 수 있는 사람은 아무도 없습니다. 하지만 자신이 진짜 공중 부양을 하고 있는 것처럼 사람들이 믿게 만들 수 있는 사람은 아주 많습니다.

**3 답** 골상학이 과학적으로 근거가 있다는 증거는 나오지 않고 있습니다. 골상학은 1796년 등장했으며 지금도 여전히 많은 사람들이 시행하고 있습니다.

**4 답** 이 사람들의 말은 사실입니다. 이 사람들이 만든 장치는 텔레비전 위에 놓아두면 되는 아주 간단한 도구입니다. 흔히 이 장치를 V자형 소형 안테나, 혹은 토끼의 귀라고 부릅니다. 유선 방송이 등장하기 전에 발명되었고 지금도 여전히 사용하고 있습니다.

**5 답** 전자 심령 현상 연구를 비롯해 전파를 이용한 다양한 치료법이 수백 년 전부터 있었습니다. 과학자들이 이런 치료법들을 실험해 본 결과 속임수가 있다는 사실이 밝혀졌습니다. 전자 심령 현상 연구를 하는 사람들 중에는 선의로 하는 경우도 있지만 의도적으로 사람들을 속이는 이들도 있습니다.

[ **아인슈타인 단계 문제** ]

**1 답** 과학 증거는, 산소 첨가수를 마셔야 한다고 주장하는 사람들은 분명 마음씨가 착한 바보이거나 나쁜 사기꾼이라고 말합니다. 공기 중에 들어 있는 산소의 양은 언제나 21%로 바뀌지

정답과 풀이

않습니다. 또한 우리 몸은 필요한 산소를 공기 중에서 얻고 필요 없는 산소는 폐를 통해 밖으로 버립니다. 산소로 만든 알약을 먹더라도 우리 위장은 산소를 받아들일 수 없습니다. 미국 공정 거래 위원회는 산소 첨가수를 파는 회사를 상대로 몇 건의 고소장을 제출했습니다. 공정 거래 위원회가 지적한 여러 가지 잘못된 사항 중에는 산소 첨가수라는 제품은 그저 소금물일 뿐이라는 내용이 들어 있습니다.

2 답 아세틸살리실산이 놀라운 효능을 가지고 있다는 사실을 뒷받침해 주는 과학 연구 결과가 아주 많이 나와 있습니다. 아세틸살리실산은 다른 말로 아스피린이라고 합니다.

3 답 홍채 진단법을 믿는 사람은 아주 많지만 과학적인 근거는 없습니다. 과학적으로 효과가 있는지 알아보기 위한 실험이 여러 차례 진행되었지만 근거를 찾아낼 수 없었습니다. 특정한 병의 증상을 알아보기 위해 눈동자를 들여다보는 입증된 검사 방법과 홍채 진단법을 혼동하면 안 됩니다.

4 답 과학 연구 결과는 수정은 정말 아름다운 돌이지만 그 이상은 아니라고 말합니다. 수정은 예지력도 치유력도 없습니다.

5 답 영구 기관을 만들 수 있다고 주장하는 사람이 많습니다. 그러나 불행하게도 물리학은 그런 기관은 만들 수 없다고 말합니다. 영구 기관을 만들었다고 주장하는 사람이 있다면 그 사람은 순수하게 오해를 했거나 나쁜 마음을 먹고 사람들을 속이려는 것입니다.

## 통계에 속지 맙시다!

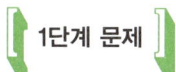

1 답 평균 월급에 대한 정보가 부족합니다. 어쩌면 B 회사는 누군가는 백만 원을 받지만 누군가는 3백만 원을 받는지도 모릅니다.

2 답 5년 동안 32명이 죽은 도시의 전체 인구 수를 물어봐야 합니다.

3 답

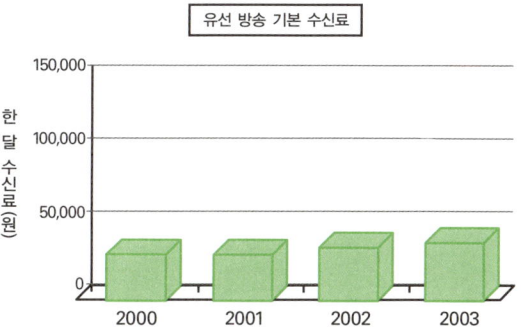

4 답

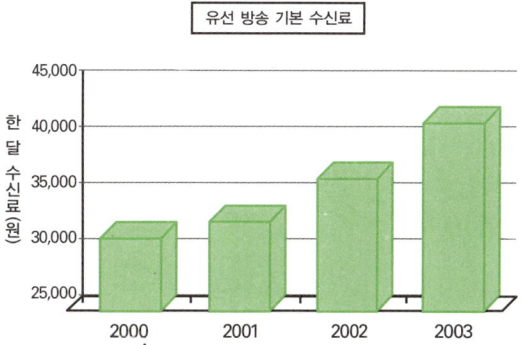

## 5 답

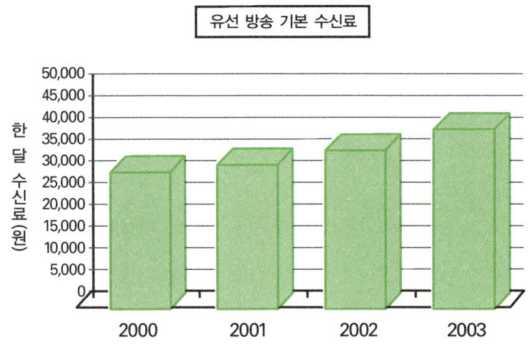

**4 답** 그렇지 않습니다. 그저 그래프의 눈금이 200만 원부터 시작해서 크게 차이가 나는 것처럼 보이는 것입니다.

**5 답** 화살표 주위에 과녁판을 그리는 것과 같은 일입니다. 종수는 범죄 통계를 보고 범죄가 줄어든 경우만 예로 들면서 범죄율이 줄어들었다고 주장하고 있습니다. 종수는 그 밖에 다른 형태의 범죄율에 대해서는 언급하지 않고 있습니다.

## 2단계 문제

**1 답** 연봉이 5,000만 원일 때 50%를 삭감하면 2,500만 원을 덜 받습니다. 그러나 2,500만 원인 연봉의 50%를 인상하면 1,250만 원을 더 받습니다. 따라서 2008년보다 1,250만 원을 덜 받는 셈입니다.

**2 답** 그래프의 최고 눈금이 60점입니다. 그렇게 되면 학업 성취도가 그래프의 최고점에 도달해 있기 때문에 학생들이 무척 잘하고 있는 것처럼 보입니다.

**3 답**

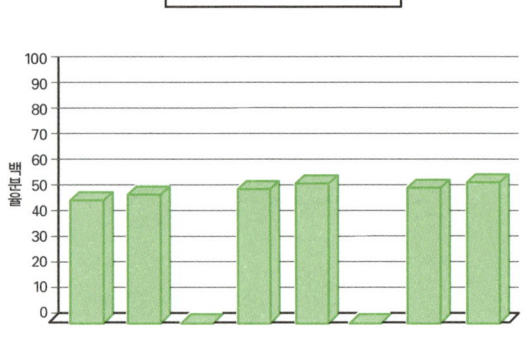

## 아인슈타인 단계 문제

**1** 원 면적 = $\pi r^2$
**답** 아닙니다. 원의 반지름이 2배가 되면 넓이는 4배가 됩니다.

**2 답** 아닙니다. 두 번째 삼각형의 면적이 첫 번째 삼각형의 면적보다 4배 큽니다.

**3** 구 부피 = $\frac{4}{3}\pi r^3$
**답** 아닙니다. 구의 지름이 2배가 되면 부피는 8배 증가합니다.

**4 답** 아닙니다. 조그만 식료품 가게의 주인이 모든 제품의 가격을 비교해 본 뒤 자기네 가게에서 싸게 파는 물건만 적어 놓았을 수도 있기 때문입니다. 식료품 가게는 화살 둘레에 과녁판 그리기를 하고 있는지도 모릅니다.

**5 답** 세희가 얻은 백분율은 같은 나이의 학생들과 비교했을 때 상위 90%에 든다는 뜻이지 절대적인 지능을 평가하는 기준이 아닙니다. 어떤 아이의 키가 동갑인 아이들 중에서는 큰 쪽으

로 90% 안에 든다고 해서 다른 연령대의 45%에 속한 아이의 키보다 2배 크다고 할 수는 없습니다.

# 8장

## 원인과 상관관계의 차이를 알고 있어야 합니다

### 1단계 문제

**1** 답 수탉이 우는 시간과 태양이 떠오르는 시간이 같았다고 해서 수탉의 울음이 태양이 뜬 원인이라고 생각할 수는 없습니다.

**2** 비가 전혀 내리지 않았다면 그 사람의 발명품이 효과가 있는지를 알 수 없습니다.
답 b

**3** 이 과학자는, 난폭한 행동을 하지 않는 사람들이 오래전에 뇌를 다친 경험이 없다는 사실을 분명히 확인해 봐야 합니다. 왜냐하면 그의 가설은 난폭한 행동을 한 사람들만 뇌에 다친 흔적이 있어야 성립하기 때문입니다.
답 c

**4** 답 가장 심각한 교통사고가 대부분 집에서 50km 이내에서 일어나는 이유는 거의 모든 경우 운전을 할 때는 집에서 나오거나 들어가야 하기 때문입니다.

**5** 답 거짓

### 2단계 문제

**1** 답 주어진 정보만 가지고는 정확하게 판단을 내릴 수 없습니다. 이 경우 A 국가는 너무 가난해서 평균 수명이 45살밖에 안 될 수도 있습니다. 암은 보통 나이가 많아졌을 때 생기는 질병입니다. 따라서 평균 수명이 짧은 나라에서는 암 발생률이 낮습니다.

**2** 답 점이 많이 찍힌 지역은 병원이나 양로원이 있는 곳일지도 모릅니다.

**3** 답 플로리다와 애리조나는 은퇴한 사람들이 흔히 노후를 보내기 위해 이사 가는 곳입니다. 두 주에 노인들이 다른 주보다 많다면 사망률이 높은 것은 당연한 일입니다.

**4** 답 아닙니다. 아마도 케터 자전거 회사가 슬로언 자전거 회사보다 자전거를 더 많이 팔았을 겁니다. 정말로 그랬다면 자전거를 많이 판 케터 자전거 회사의 제품이 사고율도 높을 게 분명합니다. 슬로언 회사가 자신들 회사의 제품이 케터 자전거 회사의 제품보다 '판매한 자전거 1,000대당 사망률'이 훨씬 낮다는 광고를 했다면 그 광고는 믿을 수 있습니다.

**5** 감미료가 탄수화물을 먹고 싶게 만드는 원인이라면 체중은 줄어들지 않을 것입니다.
답 a)

### 아인슈타인 단계 문제

**1** 답 예방 접종은 자폐증 증상을 보이는 연령의

아이들이라면 누구나 맞아야 합니다. 바로 이런 상관관계 때문에 예방 접종이 자폐증을 일으킨 원인이라고 생각하기 쉽습니다.

**2 답** 뇌종양을 가진 사람이 휴대 전화를 사용한 것은 물론이고 우유를 마셨을지도 모릅니다. 그렇다고 해서 우유가 뇌종양의 원인이라고 말할 수는 없습니다. 따라서 휴대 전화가 뇌종양을 일으키는 원인이라고 말하기 전에 전체 인구 대비 뇌종양 환자의 수와 휴대 전화를 사용한 뇌종양 환자의 수를 비교해 봐야 합니다.

**3 답** 군인들은 대부분 젊습니다. 따라서 죽을 확률이 크지 않습니다. 뉴욕은 노인을 비롯해 수많은 연령층이 뒤섞여 살고 있는 곳임을 생각해야 합니다.

**4 답** 아닙니다. A 나라는 아주 잘사는 나라지만 B 나라는 돌과 흙으로 만든 집밖에 없는 가난한 곳일지도 모릅니다. 돌과 흙으로 집을 만들었기 때문에 잘 타지도 않을 뿐 아니라 재산 가치도 적을지도 모릅니다.

**5 답** 아닙니다. 교육감은 원인과 상관관계를 혼동하고 있습니다. 한 학교의 학업 성취도가 낮은 이유가 전적으로 교사들의 자질에 있는 것은 아니기 때문입니다. 학교의 학업 성취도를 결정하는 가장 큰 요인은 학생들의 사회적, 경제적 상황이라는 사실은 여러 연구를 통해 잘 알려져 있습니다.

## 9장
## 윤리적인 판단을 해야 합니다

 **1단계 문제**

**1** 1,000명 : 850명 = 9,600명 : n명
**답** 8,160명

**2** 칠할 곳의 면적 = 8 × 345 = 2,760㎡
2,760 ÷ 245 = 11.3리터(약 12리터)
14,950 × 12 = 179,400원
32,500 × 12 = 390,000원
**답** 210,600원

**3** $\dfrac{1{,}280만\ 원}{800만\ 병} = \dfrac{n}{1{,}100만\ 병}$
8n = 14,080, n = 1,760만 원
**답** 1,760만 원

**4** 48,750 × 12 × 2,850 = 1,667,250,000원
**답** 1,667,250,000원

**5** 1제곱야드는 1,296제곱인치입니다(36 × 36). 따라서 1제곱야드당 32,000원인 카펫은 1제곱인치당 32,000 ÷ 1,296, 즉 약 25원입니다.
**답** 1제곱야드당 32,000원 하는 카펫

 **2단계 문제**

**1** 증가하거나 감소한 퍼센트는 변화량을 처음 값으로 나누면 구할 수 있습니다.
변화량: 14,150원, 처음 값: 15,500원
14,150 ÷ 15,500 = 0.9129
0.9129 × 100 = 91.29

정답과 풀이

답 91%

**2** 변화량: 10,000원, 처음 값: 15,500원
10,000÷15,500=0.6451
0.6451×100=64.51

답 64.5%

**3** 9,820,000의 50%=4,910,000원
4,910,000의 50%=2,455,000원

답 2,455,000원

**4** 28,500×1,500,000=42,750,000,000원(유선 방송국 총 기대 수입)
42,750,000,000÷31,350=136만 명
136만 명이 31,350원을 내야 기대 수입과 동일하므로
150만-136만=14만

답 140,000명

**5** 1주 후: 1.12×100=112
2주 후: 1.12×112=125.44
3주 후: 1.12×125.44=140.49
4주 후: 1.12×140.49=157.35
5주 후: 1.12×157.35=176.23
6주 후: 1.12×176.23=197.38
7주 후: 1.12×197.38=221.07
8주 후: 1.12×221.07=247.60
9주 후: 1.12×247.60=227.31
10주 후: 1.12×277.31=310.58

답 310.58원

아인슈타인 단계 문제

**1** 수명이 단축된 기간: 48년

48년은 76년의 몇 퍼센트일까요?
48÷76=0.6315, 약 63%

답 63%

**2** 증가한 퍼센트는 변화량에서 처음 값을 나누면 됩니다.
11,000÷1,400,000×100%=0.78571%

답 0.79%(1%가 되지 않습니다.)

**3** 폐암 환자의 85%가 흡연자라면 15%는 비흡연자입니다.
전체 폐암 환자 수인 n의 15%는 1,260명입니다.
0.15n=1,260    n=8,400
8,400의 85%는 7,140명입니다.

답 7,140명

**4** 매출 감소량이 60%라면 그해에는 전해 수입의 40%를 벌었다는 뜻입니다.
2003년=3,500,000원의 40%=1,400,000원
2004년=1,400,000원의 50%=700,000원
2005년=700,000원의 60%=420,000원
2006년=420,000원의 70%=294,000원

답 294,000원

**5** 매년 수입이 20%씩 줄어들었다는 말은 매년 전해 수입의 80%를 벌었다는 뜻입니다.
2005년=0.80×0.64n=0.512n
2006년=0.80×0.512n=0.4096n
2007년=0.80×0.4096n=0.32768n

답 2005년= 0.512n
2006년= 0.4096n
2007년= 0.32768n

## 편견은 어디에나 있습니다

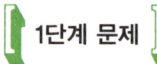

**1 답** 가짜 약

**2 답** 자신이 치료를 받았거나 약을 먹었다고 생각할 때 몸 상태가 좋아지는 현상

**3 답** 아닙니다. 가희의 친구들은 위약 효과를 경험했을 가능성이 큽니다. 또한 친구들은 가희의 기분을 좋게 하기 위해 좋은 말을 했을 가능성이 큽니다.

**4 답** 가희는 친구들 50명에게는 비타민 C를 주고 50명에게는 설탕 약을 주는 실험을 해 볼 수 있습니다. 이때 친구들은 자신들이 먹는 약이 비타민 C인지 설탕 약인지 몰라야 합니다.

**5 답** 가희는 실험이 완전히 끝날 때까지 어떤 친구들이 비타민 C를 먹었고 어떤 친구들이 설탕 약을 먹었는지 몰라야 합니다.

### 2단계 문제

**1 답** 표본의 크기는 적당합니다. 그러나 유리가 인터뷰한 학생들이 진실을 말했다는 증거가 없습니다.

**2 답** 설문지에 이름을 쓰지 않고 답하게 하거나 '친구가 다른 사람의 답을 보는 모습을 봤다거나 그런 이야기를 들은 적이 있나요?' 같은 질문을 해 봅니다.

**3 답** 대표 표본이란 보편적으로 모든 계층을 대표할 수 있는 표본을 뜻합니다.

**4 답** 노동조합 모임에 참석하는 사람들은 보통 민주당을 지지합니다.

**5 답** 교수가 받는 연구비를 담배 회사에서 주기 때문입니다.

### 아인슈타인 단계 문제

**1 답** 의사를 찾아가는 환자의 회복 기간이 그렇지 않은 환자보다 긴 이유는 사람들은 대부분 몸이 아주 아파서 특별한 간호를 받아야겠다고 생각할 때 병원에 가기 때문입니다.

**2 답** 심각한 질병을 잘 치료하기로 소문난 병원에 찾아가는 사람들은 대부분 집 근처 병원에서는 더 이상 치료할 방법이 없는 사람들일 겁니다. 따라서 사망률이 다른 곳보다 높다는 것도 놀랄 일이 아닙니다. 왜냐하면 가장 위험한 질병을 치료하는 곳이니까요.

**3 답** 조사 결과가 크게 차이가 나는 이유는 여러 가지가 있을 수 있지만 가장 큰 이유는 분명히 두 사람의 질문이 자신이 원하는 대답을 들을 수 있는 질문이기 때문일 겁니다.
해리는 '늙고 병들어 고통받는 동물에게 안락사를 시킬 수 있어야 한다고 생각하나요?' 같은 질문을 하고 미나는 '자신이 더 이상 원하지 않는다고 해서 동물을 죽일 권리가 있을까요?'

같은 질문을 했을지도 모릅니다.

**4 답** 무의식적인 편견이란 자신도 깨닫지 못하는 사이에 한쪽으로 치우친 행동이나 판단을 한다는 뜻입니다.

**5 답** 아닙니다. 시연이에게 편지를 보낸 사람들은 표준 표본이 될 수 없습니다. 시연이의 답이 옳다고 생각하거나 동의하는 사람이 편지를 보낼 확률은 높지 않습니다. 시연이에게 편지를 보낸 사람은 대부분 시연이의 답이 분명히 틀렸다고 확신하는 사람들입니다. 따라서 편지를 보낸 사람들은 편중된 표본이라고 할 수 있습니다.

《교양 있는 우리 아이를 위한 세계 역사 이야기》 시리즈(전5권)

- ★ 2004년 간행물윤리위원회 선정 청소년권장도서
- ★ 제37회 문화관광부 추천 우수교양도서
- ★ 서울시 교육청 선정 사회과 중1, 중2 추천도서
- ★ 2004년 〈조선일보〉 선정 '올해의 어린이책'
- ★ 2004년 〈중앙일보〉 선정 '올해의 어린이책'
- ★ 한우리독서문화운동본부 필독 도서 추천

1권 고대 초기 유목민에서 로마의 멸망까지
440쪽 / 값 18,000원

2권 중세 로마의 멸망에서 르네상스의 발흥까지
580쪽 / 값 20,000원

3권 근대 엘리자베스 1세에서 포티 나이너스까지
624쪽 / 값 20,000원

4권 현대·상 빅토리아 여왕에서 제1차 세계 대전의 종결까지
416쪽 / 값 18,000원

5권 현대·하 아일랜드의 부활절 봉기에서 만델라의 대통령 당선까지
464쪽 / 값 18,000원

《세계 역사 체험학습책》 시리즈(전5권)

1권 고대편 328쪽 / 값 8,800원
2권 중세편 396쪽 / 값 9,800원
3권 근대편 394쪽 / 값 9,800원
4권 현대편·상 324쪽 / 값 9,800원
5권 현대편·하 324쪽 / 값 9,800원

《교양 있는 우리 아이를 위한 과학사 이야기》 시리즈(전5권)

1권 아리스토텔레스가 과학의 길을 열다
328쪽 / 값 20,000원
- ★ 2008년 과학문화재단 선정 우수과학도서
- ★ 행복한 아침독서 추천

2권 뉴턴이 세상의 중심에 서다·상
288쪽 / 값 18,000원
- ★ 행복한 아침독서 추천

3권 뉴턴이 세상의 중심에 서다·하
280쪽 / 값 18,000원
- ★ 행복한 아침독서 추천

4권 아인슈타인이 새로운 차원을 보다·상
324쪽 / 값 20,000원

5권 아인슈타인이 새로운 차원을 보다·하
300쪽 / 값 20,000원

《못 말리는 여자들》 시리즈

- ★ 2005년 간행물윤리위원회 선정 청소년권장도서

고대의 못 말리는 여자들
240쪽 / 값 9,800원

중세의 못 말리는 여자들
240쪽 / 값 9,800원

르네상스의 못 말리는 여자들
240쪽 / 값 9,800원

우리 역사 속 못 말리는 여자들 /조선편
214쪽 / 값 9,800원

우리 역사 속 못 말리는 여자들 /근대편
216쪽 / 값 9,800원

세상을 바꾼 용기 있는 아이들
240쪽 / 값 9,800원

콜럼버스와 그 아들들의 세계
432쪽 / 값 12,800원
- ★ 2006년 간행물윤리위원회 선정 청소년권장도서

빛나는 로마 역사 이야기
396쪽 / 값 12,800원

고고학자가 간다―파라오의 세계로!
208쪽 / 값 9,800원